FRATERNIDADE
E AMIZADE SOCIAL

Uma introdução à leitura da Encíclica
Fratelli Tutti do Papa Francisco

PAULO CÉSAR NODARI

FRATERNIDADE
E AMIZADE SOCIAL

Uma introdução à leitura da Encíclica
Fratelli Tutti do Papa Francisco

Dados Internacionais de Catalogação na Publicação (CIP)
Angélica Ilacqua – CRB-8/7057

Nodari, Paulo César
Fraternidade e amizade social : uma introdução à leitura da Encíclica Fratelli Tutti do Papa Francisco / Paulo César Nodari. – São Paulo : Paulinas, 2022. – (Coleção ecos de Francisco)

Bibliografia.
ISBN 978-65-5808-173-9

1. Encíclica Fratelli Tutti – Francisco, Papa, 1936 – 2. Fraternidade – Igreja Católica 3. Teologia social I. Título II. Série.

22-2760   CDD-262.5

Índice para catálogo sistemático:
1. Encíclica Fratelli Tutti

1ª edição – 2022

Direção-geral: *Ágda França*

Editores responsáveis: *Vera Ivanise Bombonatto e João Décio Passos*

Coordenação de revisão: *Marina Mendonça*

Copidesque: *Ana Cecilia Mari*

Revisão: *Sandra Sinzato*

Gerente de produção: *Felício Calegaro Neto*

Projeto gráfico: *Manuel Rebelato Miramontes*

Capa e diagramação: *Fernanda Matajs*

Imagem de capa: *depositphotos.com – @ Rawpixel*

Nenhuma parte desta obra poderá ser reproduzida ou transmitida por qualquer forma e/ou quaisquer meios (eletrônico ou mecânico, incluindo fotocópia e gravação) ou arquivada em qualquer sistema ou banco de dados sem permissão escrita da Editora. Direitos reservados.

Paulinas
Rua Dona Inácia Uchoa, 62
04110-020 – São Paulo – SP (Brasil)
Tel.: (11) 2125-3500
http://www.paulinas.com.br – editora@paulinas.com.br
Telemarketing e SAC: 0800-7010081

© Pia Sociedade Filhas de São Paulo – São Paulo, 2022

Sumário

Lista de siglas 7

Introdução 9

1. As sombras de um mundo fechado 13

2. Um estranho no caminho 33

3. Pensar e gerar um mundo aberto 47

4. Um coração aberto ao mundo inteiro 73

5. A melhor política 93

6. Diálogo e amizade social 121

7. Caminhos de um novo encontro 141

8. As religiões a serviço da fraternidade no mundo 167

Considerações finais 193

Referências.. 199

Lista de siglas

CA   *Centesimus Annus*

CDSI   *Compêndio da Doutrina Social da Igreja*

CIC   *Catecismo da Igreja Católica*

CV   *Caritas in Veritate*

DAp   *Documento de Aparecida*

DCE   *Deus Caritas Est*

DFH   *Documento sobre a fraternidade humana, em prol da paz e da convivência comum*

EG   *Evangelii Gaudium*

EV   *Evangelium Vitae*

FR   *Fides et Ratio*

FT   *Fratelli Tutti*

GS   *Gaudium et Spes*

LE   *Laborem Exercens*

LS   *Laudato Si'*

NA   *Nostra Aetate*

PP   *Populorum Progressio*

PT   *Pacem in Terris*

TBCF Texto-base da Campanha da Fraternidade 2022

VS   *Veritatis Splendor*

Introdução

A Carta encíclica *Fratelli Tutti*, assinada pelo Papa Francisco, em Assis, Itália, em 3 de outubro de 2020, é uma pérola preciosa da literatura mundial e um marco para a Doutrina Social da Igreja. Durante e no auge da pandemia do coronavírus (Covid-19), a reflexão acerca da fraternidade e amizade social chega, simultaneamente, como uma análise crítica da realidade sociopolítica e cultural, por um lado, e como convocação para uma tomada de postura e atitude ante a realidade mundial que se apresenta, por outro lado. Por sua vez, do ponto de vista da fé, a Carta encíclica não tem como preocupação e horizonte a exclusividade da doutrina social católica em seu espectro doutrinário para a *Ecclesia ad intra*, mas, antes e muito mais, para o diálogo *Ecclesia ad extra*.

Além disso, o Papa Francisco, constituindo-se, muito provavelmente, na liderança mundial mais serena e lúcida deste primeiro quartel do século XXI, é explícito ao afirmar, com muita lucidez e clareza profética, reconhecendo a dignidade de cada pessoa humana, ser seu objetivo auxiliar na reflexão e no compromisso com o desenvolvimento de um anseio mundial de fraternidade. Faz-se, pois, urgente sonhar juntos, afirma o Papa Francisco. "Sonhemos como uma única humanidade, como caminhantes da mesma carne humana, como filhos dessa mesma terra que nos abriga a todos, cada qual com a riqueza da sua fé ou das suas convicções, cada qual com a própria voz, mas todos irmãos" (FT, 8).

O livro *Fraternidade e amizade social* está vinculado à coleção Ecos de Francisco, de Paulinas Editora, e objetiva ser uma introdução à leitura da Carta encíclica *Fratelli Tutti*. Com certeza e humildade, é preciso, por questão de honestidade intelectual e moral, afirmar ser este texto uma breve explanação das principais ideias do Papa Francisco no que se refere ao pensamento social, político e cultural da realidade e contexto mundiais, a partir e à luz do enfoque teológico, com relação à missão e à ação evangelizadora da Igreja no mundo. Não se trata, por conseguinte, de uma análise exaustiva da *Fratelli Tutti*, mas tão somente de uma leitura introdutória e motivadora, ciente, no entanto, de que toda manifestação reflexiva, seja ela expressa, seja escrita, por mais isenção que se queira e se possa ter, por vezes, carregará e portará aspectos limítrofes e, também, incompletos e finitos, evidentemente.

O desenvolvimento dos capítulos deste livro segue o esquema do próprio documento pontifício, ou seja, são oito capítulos de destaque, seguindo, pois, a mesma lógica e titulação da Carta encíclica. Dos capítulos, respectivamente, sobressair-se-á a tese principal do capítulo, e, em decorrência da mesma, destacar-se-ão os parágrafos pertencentes e os itens subjacentes ao desenvolvimento da tese central do respectivo capítulo. Por sua vez, a parte introdutória da Encíclica, composta por oito belos parágrafos, recheados de sonho e salutar propósito, é um convite do Papa Francisco a todas as pessoas de boa vontade, para que, com a participação de todos juntos, seja possível não apenas sonhar, mas, sobremaneira, dar implementação, de fato, a um progresso civilizatório, de fato, fraternal. Para o Papa Francisco, mais importante que resumir a doutrina sobre o amor fraterno, o intento da Encíclica é fomentar o novo sonho de fraternidade e amizade social, não limitado a palavras, mas, antes, como convite e abertura para a abrangência de todos. "Embora a tenha escrito a partir das minhas convicções cristãs, que me animam e nutrem, procurei fazê-lo de tal maneira que a reflexão se abra ao diálogo com todas as pessoas de boa vontade" (FT, 6).

Ainda antes de passar à análise dos capítulos propriamente ditos e, por consequência, dos capítulos da Carta encíclica, quer-se sublinhar um ponto importante e a ser destacado na leitura dos textos e documentos do Papa Francisco. Trata-se de destacar os quatro postulados que subjazem as reflexões do pontífice, os quais, longe de serem incontestes, inclusive no que se refere à terminologia, pois, para alguns são princípios, para outros são postulados, para outros são ideias, são imprescindíveis para a compreensão da lógica reflexiva e discursiva do Papa Francisco. Ei-los: *o tempo é superior ao espaço*; *a unidade prevalece sobre o conflito*; *a realidade é mais importante que a ideia*; *o todo é superior à parte*. O propósito não é analisar detalhadamente cada um desses postulados e traçar o estofo das vantagens e desvantagens dos mesmos para a análise crítica dos respectivos capítulos, mas, apenas, fazer com que estejam presentes e sejam admitidos como verdadeiros, ainda que, implicitamente, no arcabouço intelectual, para fundamentar procedimentos ou demonstrações de análise, compreensão e interpretação das teses principais da referida Carta encíclica. Não se trata de realizar uma demonstração e uma comprovação textual de cada um dos postulados acima referenciados nos documentos e alocuções do Papa Francisco. No decorrer da apresentação e análise dos capítulos, haverá a possibilidade de constatar e comprovar a relevância dos referidos postulados nas análises e reflexões do pontífice.

Nos primeiros oito parágrafos introdutórios à Carta encíclica, o Papa Francisco explicita, sem receios e rodeios, que o homem do milênio passado, São Francisco, foi a grande inspiração não só da *Laudato Si'*, mas também da *Fratelli Tutti*, justamente, por se tratar de um homem de coração aberto.

Trata-se, pois, de um santo do amor fraterno, da simplicidade, da alegria e de um coração sem fronteiras (FT, 2), capaz de superar as dificuldades, em seu tempo, da língua, da cultura e da distância. Ele foi capaz de vencer todo desejo de domínio sobre os outros e procurou viver em harmonia com todos (FT, 4). Além de São Francisco, o pontífice sublinha que se, na redação da *Laudato Si'*, Bartolomeu, o patriarca ortodoxo, foi a inspiração, por se tratar de um propulsor da concepção e consciência para o cuidado da criação, agora, na *Fratelli Tutti*, o grande inspirador foi o Imã Ahmad Al-Tayyeb, graças ao encontro ocorrido, em Abu Dhabi, em 2019, o qual deu origem ao importante *Documento sobre a fraternidade humana*. Cabe ainda ressaltar que a presente Carta encíclica é fruto de uma reflexão baseada no documento supracitado e de numerosas contribuições de cartas e reflexões recebidas pelo Papa Francisco, provenientes de todas as partes do mundo (FT, 5). Afirma o Papa Francisco: "Sonhemos como uma única humanidade, como caminhantes da mesma carne humana, como filhos dessa mesma terra que nos abriga a todos, cada qual com a riqueza da sua fé ou das suas convicções, cada qual com a própria voz, mas todos irmãos" (FT, 8).

1. As sombras de um mundo fechado

O primeiro capítulo da Carta encíclica é de uma abrangência inominável, justamente, pela capacidade e pela arte da vinculação de uma série de aspectos importantes, subjacentes e intrínsecos à concepção da realidade atual do mundo, sendo intitulado de "as sombras de um mundo fechado". É composto dos parágrafos 9 a 55. O Papa Francisco não menciona explicitamente e não dá margens para que se possa associar a questão das sombras a uma famosa alegoria, a saber, a "alegoria da caverna" de Platão, mas pode-se abrir a possibilidade de pensar em tal referência, sobretudo, por se tratar da dialética sombras e luzes, aberto e fechado. E, se não bastasse, pode-se também referenciar as sombras ao lema do "Esclarecimento" (*Aufklärung*), ou seja, à ousadia da saída da menoridade à maioridade. Não é propósito analisar tais referências, mas, tão somente, aludir a ambas, a fim de tornar acessível a ideia da dicotomia entre sombras e luzes, abertura e fechamento, justamente, em uma época de tanto conhecimento, de tanto progresso e de tantas possibilidades, e, simultaneamente, de tantos fechamentos e medos, a ponto de deixar as pessoas perplexas e estagnadas. Logo no início do capítulo, afirma o Papa Francisco: "Sem pretender efetuar uma análise exaustiva nem tomar em consideração todos os aspectos da realidade em que vivemos, proponho apenas nos mantermos atentos a algumas tendências do mundo atual que dificultam o desenvolvimento da fraternidade universal" (FT, 9).

Não obstante se haja afirmado acima ser o capítulo primeiro de uma abrangência que impressiona, é imprescindível deixar claro não ser o intento papal a análise detalhada dos itens sublinhados no texto. Aqui, apenas para referenciar e por questão de relevância e destaque, salienta-se a alusão aos tópicos trabalhados no capítulo: sonhos desfeitos em pedaços (FT, 10-12), o fim da consciência histórica (FT, 13-14), sem um projeto para todos (FT, 15-17), o descarte mundial (FT, 18-21), direitos humanos não suficientemente universais (FT, 22-24), conflito e medo (FT, 25-28), globalização e progresso sem um rumo comum (FT, 29-31), as pandemias e outros flagelos da história (FT, 32-36), sem dignidade humana nas fronteiras (FT, 37-41), a ilusão da comunicação (FT, 42-43), agressividade despudorada (FT, 44-46), informação sem sabedoria (FT, 47-50), sujeições e autodepreciação (FT, 51-53), esperança (FT, 54-55). Como afirmado anteriormente, ao se ler os itens referidos e presentes no capítulo, pode-se imaginar a preocupação e a razão subjacente à alocução papal da Carta encíclica, motivando e dando sustentação à argumentação da reflexão organizada em três aspectos principais, a saber, (1) a casa comum e a globalização da indiferença, (2) os direitos humanos e a universalidade, e (3) a inflação de informação sem comunicação.

1. A casa comum e a globalização da indiferença

A Carta encíclica *Laudato Si'*, do Papa Francisco, convoca toda a humanidade a cuidar da Casa Comum. Não é mais possível fazer de conta que tudo está andando bem e que tudo se autorregula por sua própria conta. Não é mais possível continuar com a busca de um progresso desenfreado e sem rumo e cuidado comuns. Pode-se afirmar, a partir da concepção moderna, ou seja, especialmente, a partir do século XV, e, mais acentuadamente ainda, no século denominado *Século das Luzes*, ou seja, século XVIII, que o projeto de uma humanidade autônoma, iluminada, capaz de domínio e controle sobre as forças da natureza e de uma busca incansável de progresso predominou em todas as áreas do saber, do agir e do fazer humanos. Esse tal empreendimento moderno foi tão bem orquestrado e eficaz, sobremaneira, nos últimos três séculos, XVIII, XIX, XX, da história da humanidade, a ponto de o projeto moderno poder ser considerado inacabado, em vias de ser um processo aberto de efetivação. De fato, esse percurso impregnou tanto as áreas do saber, do agir e do fazer, que se pode afirmar, buscando apoio nas palavras de alguns importantes pensadores, tais como Martin Heidegger, Hannah Arendt, Hans Jonas, entre outros, que jamais na história da humanidade houve tanto conhecimento sobre o ser humano e tanta capacidade de domínio sobre as forças da natureza, como os alcançados no último quartel do século XX, ainda que, paradoxalmente, nunca se estivesse tão distante do conhecimento e da compreensão de quem é o ser humano. Na afirmação de Romano Guardini, o grande problema do ser humano é chegar ao ponto de não saber o que fazer com o poderoso poder que tem em seus domínios. Noutras palavras, segundo Guardini, trata-se de não ter poder sobre o seu poder (GUARDINI, 2000, p. 74).

O Papa Francisco, seguindo essa linha de pensamento, por sua vez, afirma: "[...] nunca a humanidade teve tanto poder sobre si mesma, e nada garante que o utilizará bem, sobretudo se se considera a maneira como o está a fazer" (LS, 104). A humanidade tem em seu domínio avanços e facilidades inimagináveis outrora. No entanto, paradoxalmente, em nenhum outro momento a complexidade alcançada, talvez, tenha conseguido incapacitar e dificultar tanto a resolução de alguns problemas, tais como as injustiças abissais entre ricos e pobres, os ganhos e lucros exorbitantes de alguns poucos em detrimento do empobrecimento de maiorias muito expressivas. Dito de outra forma, em nenhum outro momento da história o ser humano, enquanto humanidade, acumulou e teve ao seu alcance tanto poder, em contrapartida, isso o impossibilita de solucionar problemas e abismos há muito abertos e ainda não resolvidos, e, por sinal, cada vez mais estigmatizados e, por vezes, necrosados, em boa parte da humanidade. Não houve, portanto, uma simetria entre o progresso científico e tecnológico e o desenvolvimento integral do ser humano e proporcional a toda humanidade, porque, segundo o Papa Francisco: "[...] o homem moderno não foi educado para o reto uso do poder, porque o imenso crescimento tecnológico não foi acompanhado por um desenvolvimento do ser humano quanto à responsabilidade, aos valores, à consciência" (LS, 105).

O apelo do pontífice, tanto na *Laudato Si'* quanto na *Fratelli Tutti*, centra-se no cuidado, postando-se de modo bastante dissonante com relação ao ambicioso projeto do progresso a todo custo e em benefício dos assim considerados e denominados "iluminados" ou, então, "agraciados", baseado na lógica da exclusão. O projeto há muito pensado e alimentado sustenta-se em um plano que favorece apenas um setor da humanidade, desqualificando e desprezando, por consequência, um projeto inclusivo que abranja toda a humanidade. "Partes da humanidade parecem sacrificáveis em benefício de uma seleção que favorece um setor humano digno de viver sem limites" (FT, 18). A humanidade ainda não aprendeu de seus fracassos, de seus conflitos, de suas guerras e de seus inúmeros sofrimentos.

Nas palavras de Theodor Adorno, no texto "Educação e emancipação", a humanidade deveria aprender dos malefícios da Segunda Guerra Mundial. Precisar-se-ia educar as gerações para a consciência e para a memória histórica tanto das causas como também das consequências de uma guerra. Far-se-ia urgente educar as pessoas para a convivência e não para guerras e confrontos bélicos (ADORNO, 2000). Infelizmente, parece estar dando-se uma espécie de contraponto à afirmação de Adorno, ou seja, vê-se crescer, segundo o Papa Francisco, o desenraizamento histórico, a uniformização da cultura, a perda e a dissolução da consciência histórica, a desvalorização e incapacidade de a política assumir como foco o bem comum e um projeto de mundo para todos, tornando, por sua vez, a política refém da economia e sua servil escudeira. "Nota-se a penetração cultural de uma espécie de 'desconstrucionismo', em que a liberdade humana pretende construir tudo a partir do zero. Deixa de pé somente a necessidade de consumir sem limites e a acentuação de muitas formas de individualismo sem conteúdo" (FT, 13).

A análise de Thomas Hobbes acerca da natureza humana é, sem dúvida, uma das mais eloquentes e perspicazes a que se tem acesso. Isso não significa afirmar ser a única, a exclusiva e a mais importante. Quer-se, simplesmente, com Hobbes, afirmar ser muito oportuna a lembrança do pensamento hobbesiano, sobremaneira, no que diz respeito à concepção do ser humano enquanto alguém que busca seus interesses e considera o ser humano não como próximo ou como irmão, mas, antes, como lobo um do outro, como adversário na busca de seus interesses. De acordo com esse autor, o que está no início não é outra situação senão o conflito, isto é, a "guerra de todos contra todos". Há, portanto, em Hobbes, no século XVII, uma explicitação do conflito de interesses, a luta contínua de todos contra todos, dando ensejo, portanto, à necessidade da "invenção artificial" do Estado, para que seja possível cessar os conflitos entres os seres humanos, instaurando-se, por conta da intervenção racional, a possibilidade da convivência pacífica a partir da legitimação do ato racional artificial, a criação do Estado. Aqui, não se trata de analisar, pormenorizadamente, a análise hobbesiana acerca da concepção da natureza humana e da tarefa da política que avalizaria, por um lado, uma espécie de atomismo político, ou, então, o individualismo político, e, por outro lado, a legitimação da congregação dos indivíduos numa associação política, uma vez que, antes da agregação comum, haveria o indivíduo enquanto tal.

A referência a Hobbes teve como objetivo lembrar o papel e a finalidade do Estado na teoria contratualista moderna, bem como sua importância para a efetivação do projeto moderno enquanto tal.

O Papa Francisco tece uma crítica ao projeto moderno de progresso. Afirma o pontífice: "Hoje, um projeto com grandes objetivos para o desenvolvimento de toda a humanidade soa como um delírio. Aumentam as distâncias entre nós, e a dura e lenta marcha rumo a um mundo unido e mais justo sofre uma nova e drástica reviravolta" (FT, 16). Percebe-se, cada vez mais claramente, segundo o Papa Francisco, que o progresso não trouxe consigo o desenvolvimento humano integral. A humanidade, enquanto tal, não conseguiu propiciar benefícios e riqueza para todos os seres humanos. "Partes da humanidade parecem sacrificáveis em benefício de uma seleção que favorece um setor humano digno de viver sem limites" (FT, 18). Dito de outro modo, ao invés de trazer melhorias para todos os seres humanos e em todos os locais e recantos do mundo, o progresso baseou-se na lógica dos conflitos de interesses de exclusividade, a partir da famosa expressão de Francis Bacon, de que "saber é poder", e talvez, também, a partir da famosa projeção de Charles Darwin, que afirma haver uma seleção natural dos mais fortes sobre os mais fracos, perdendo-se de vista, por conseguinte, um projeto de cuidado da Casa Comum, não apenas para o ser humano enquanto tal, mas para todos os seres vivos. E, infelizmente, o que se constata, segundo o Papa Francisco, é a emergência de uma cultura da descartabilidade, e o que é mais aterrador, não apenas das coisas e dos objetos de consumo, mas também do próprio ser humano. "A cultura do descarte tende a se tornar a mentalidade comum, que contagia a todos. A vida humana, a pessoa, já não é sentida como um valor básico a ser respeitado e protegido, especialmente se é pobre ou deficiente [...]" (PAPA FRANCISCO, 2017, p. 61). Ciente dessa situação e realidade presentes no mundo atual, no decorrer do primeiro quartel do século XXI, torna-se imperioso o trabalho de conscientização e o avanço efetivo em direção a uma cultura do encontro e, por conseguinte, de fraternidade e amizade social.

2. Os direitos humanos e a universalidade da dignidadade

Os direitos e os deveres em uma sociedade justa precisam avançar passo a passo e ser não apenas justificados, como também legitimados e garantidos. Percebe-se, no entanto, em muitas sociedades, crescerem os deveres e o desrespeito aos direitos das pessoas. Isso vale em nível local, nacional, como também em nível internacional. A conquista dos direitos humanos deveria ser para todos os povos um marco supranacional e um critério balizador de respeito e cuidado com todos os seres humanos. Quer dizer, o respeito à dignidade de todo ser humano precisaria, em última análise, ser o critério de todo progresso econômico e social de um país (FT, 22).

Na Carta encíclica, o Papa Francisco abre a discussão a respeito dos direitos humanos, fundamentando-os, em última análise, no reconhecimento da dignidade humana como princípio basilar e norteador. Ele não entra na discussão da argumentação acerca da possibilidade e da plausibilidade ou não da fundamentação da universalidade dos direitos humanos à luz do reconhecimento da dignidade humana. Sabe-se que tal discussão é complexa e encontra diferentes vertentes e posicionamentos. Não se trata de buscar a abertura do leque de discussão de tais divergências e conflitos. Apenas como forma alusiva, lembra-se da proeminente, mas também complexa discussão kantiana a respeito da argumentação da dignidade humana, presente na segunda formulação do imperativo categórico da obra, *Fundamentação da metafísica dos costumes*. Toda pessoa precisa, segundo Immanuel Kant, ser considerada e tratada em sua dignidade absoluta, a ponto de, se alguém vier a ser tomado, simplesmente, como meio e não *como fim em si mesmo*, estar se ofendendo toda a humanidade. Para Kant, a humanidade nunca pode ser considerada e usada como *meio*, mas tão somente *como fim em si mesmo*.

Em pleno século XXI, mesmo depois de tantos confrontos e de tantas conquistas, ainda hoje se vê mundo afora muitas injustiças e discriminações, especialmente, no que se refere ao reconhecimento de igual dignidade das mulheres (FT, 23) e dos pobres, além, é claro, das diferentes formas de racismo e discriminação. Segundo o Papa Francisco, se, por um lado, observa-se crescer a opulência e as mordomias de uma parte da humanidade, simultaneamente, por outro lado, uma parte considerável da humanidade não vê reconhecidos os seus direitos e, por conseguinte, sua dignidade humana (FT, 22). Infelizmente, constata-se que, na raiz de tantas desigualdades e injustiças – e por que não chamar de escravidão (FT, 24) –, está uma concepção de pessoa humana alicerçada e alinhada ao que, nos dias atuais, em termos das áreas da bioética, da biotecnologia e até do biodireito, poder-se-ia chamar de uma espécie de "eugenia já por demais naturalizada", a saber, que uns nascem livres, outros nascem escravos, que uns nascem homens brancos e outras nascem mulheres com os direitos não reconhecidos e garantidos, ou, então, homens negros com menor dignidade. Não é mais possível aceitar tais teses de violência explícita e implícita contra seres humanos que não são reconhecidos em sua dignidade, a ponto de serem tratados como se fossem mercadorias passíveis de mercantilização (FT, 24).

O Papa Francisco, partindo do princípio de que Deus criou o ser humano à sua imagem e semelhança, apoiando-se, sobretudo, segundo nosso parecer, nos seus quatro postulados, aqui, nomeadamente, de que a realidade é mais importante que a ideia, de que o tempo é superior ao espaço, de que o todo é superior às partes e de que a unidade é superior aos conflitos, sustenta a tese de que é preciso focar forças em um projeto voltado para o bem comum e não para os privilégios de uma parte da humanidade cada vez mais opulenta e ávida de riquezas, de bens e de fama (GRÜN, 2017, p. 8), garantida em seus bens e regalias, em detrimento de grande parte dos seres humanos, nem sequer reconhecidos em sua dignidade, e, por conseguinte, em sua dignidade humana. Acaba-se por perceber um sem-número de conflitos, de guerras, que emergem por não haver horizontes focados e convergentes à unidade da humanidade. Não se percebe crescer exponencial e abertamente o projeto de fraternidade (FT, 26). "Assim, o nosso mundo avança em uma dicotomia sem sentido, pretendendo 'garantir a estabilidade e a paz com base em uma falsa segurança sustentada por uma mentalidade de medo e desconfiança'" (FT, 26). É urgente unir e convergir os horizontes na preocupação com o bem comum. Segundo Chomsky: "A preocupação com o bem comum deveria impelir-nos a buscar formas de superar o impacto maligno dessas políticas desastrosas, do sistema educacional às condições de trabalho, proporcionando oportunidades para que se exerça o entendimento e se cultive o desenvolvimento humano na mais rica diversidade" (CHOMSKY, 2018, p. 95).

Diante de tais dicotomias e paradoxos da nossa era, não é incomum e, tampouco, excepcional deparar-se com posicionamentos fundamentalistas e com defesas fanáticas de políticas de aversão aos pobres, isto é, versões aporofóbicas (CORTINA, 2020), tanto em nível pessoal como também em nível de grupos socioculturais, que ultrapassam fronteiras geográficas, linguísticas e, também, culturais, e, o que é ainda pior e mais amedrontador, com políticas internacionais xenofóbicas entre nações. Especialmente, depois do ataque às torres gêmeas em 2001, têm crescido o medo, a insegurança, e, por assim dizer, "a caça às bruxas", ocasionando, por sua vez, o esmorecimento dos sentimentos de pertença à mesma humanidade e o sonho de fraternidade universal (FT, 30). Ao invés de cultivar uma cultura de encontro e de pontes, parece estar havendo a disseminação de culturas de desencontros e de muros, ao invés de proximidade ao outro; isolamento e distanciamento, ao invés da conciliação entre o indivíduo e a comunidade; separação e isolamento, ao invés de responsabilidade, bem viver e cuidado com a criação; acúmulo, consumo e bem-estar de pequenas e "agraciadas" minorias (FT, 33).

Oxalá, segundo o Papa Francisco, a pandemia do coronavírus não seja mais um acontecimento que passará sem ensinar toda a humanidade a aprender a cuidar da Casa Comum e a assumir com responsabilidade o projeto comum do bem viver de todos os seres humanos, tanto os atuais quanto os vindouros. Faz-se, pois, urgente encarar o ambicioso projeto da modernidade em que o ser humano se autodeterminou senhor absoluto da própria vida e de tudo o que existe (FT, 34). Possa, pois, a humanidade assumir com responsabilidade o projeto de fraternidade universal. "A tribulação, a incerteza, o medo e a consciência dos próprios limites, que a pandemia despertou, fazem ressoar o apelo a repensar os nossos estilos de vida, as nossas relações, a organização das nossas sociedades e, sobretudo, o sentido da nossa existência" (FT, 33). Para o Papa Francisco, a humanidade precisa renascer com todos os rostos, com todas as vozes, com todas as culturas respeitadas, muito mais livres de correntes e fronteiras limítrofes (FT, 35). Urgente tomar outro rumo e não seguir na busca de consumo desenfreado e lucro a todo custo. Necessita-se assumir muito mais a gratuidade de vida e aprender a viver sem objetivar dinheiro, lucro, poder. Segundo Ordine:

> Especialmente nos momentos de crise econômica, quando as tentações do utilitarismo e do egoísmo mais sinistro parecem ser a única estrela e a única tábua de salvação, é preciso compreender que exatamente aquelas atividades que não servem para nada podem ajudar-nos a escapar da prisão, a salvar-nos da asfixia, a transformar uma vida superficial, uma não vida, numa vida fluida e dinâmica, numa vida orientada pela *curiositas* em relação ao espírito e às *coisas humanas* (ORDINE, 2016, p. 19: grifos do autor).

Outro problema para o qual a *Fratelli Tutti* chama atenção diz respeito ao fechamento e à incapacidade de abertura das fronteiras para os migrantes. Não é um assunto fácil de debate e de resolução pacífica. Há muitos conflitos e interesses em jogo. Também não se trata de um tema alusivo exclusivamente da referida Carta encíclica. Apenas para destacar, pode-se sublinhar, dentre tantos tratados e referenciais que dizem respeito ao ponto da abertura e convergência de fronteiras, a obra kantiana de 1795, em seu artigo definitivo terceiro, "À paz perpétua", no qual Immanuel Kant explicita o *direito à hospitalidade*, com o qual ele argumenta que a terra pertence a todos, e, portanto, todos têm o direito garantido de visitar outros países e de não serem injuriados e maltratados. Ainda que se trate do direito de visita e não ainda de direito de permanência em um país estrangeiro para construir e constituir a vida, mesmo assim, pode-se afirmar ser um avanço importantíssimo para a discussão acerca das relações políticas internacionais. Embora não seja fácil chegar a resoluções e decisões políticas e jurídicas no quesito das migrações, é importante, de acordo com o Papa Francisco, despir-se e despojar-se de preconceitos, de populismos, bem como da exclusividade hegemônica de abordagem neoliberal (FT, 37).

O fenômeno migratório e a mobilidade humana, ainda que se viva em um ambiente e em uma realidade muito mais dinâmicos, sabe-se que não são devidos e não se alicerçam, única e exclusivamente, em questões de ambições financeiras, em questões de gostos e atrativos pessoais, mas, em muitas situações, em questões humanitárias de vida ou morte, por conta da fome, das condições climáticas, da pobreza e de regimes autoritários, dentre tantos outros fatores. Ou seja, o fenômeno migratório tem tomado proporções realmente inimagináveis outrora, sobretudo, porque as pessoas querem viver, mas, infelizmente e por ironia da lógica predominante, veem suas condições arrefecerem-se cada vez mais, não lhes restando outra possibilidade senão tentar a vida em outros lugares e ambientes. Logo, segundo o Papa Francisco, se essa tese, de fato, se confirmar, e tudo leva a crer que sim, então, faz-se necessário o empreendimento de forças por parte de todas as pessoas de boa vontade e dos governantes para que haja um discussão civilizatória a respeito das causas e das consequências do fenômeno migratório, bem como das políticas nacionais e internacionais a serem implementadas enquanto tal, sendo, pois, imprescindível o enfrentamento de todos os medos e tipos de ódios e xenofobias. "Compreendo que alguns tenham dúvidas e sintam medo diante das pessoas imigrantes; compreendo isso como um aspecto do instinto natural de autodefesa. Mas também é verdade que uma pessoa e um povo só são fecundos se souberem criativamente integrar no seu seio a abertura aos outros" (FT, 41).

3. A inflação de informação sem comunicação

O Papa Francisco tem afinidades com a comunicação digital e ele a utiliza muito para comunicar-se com as pessoas. Há muitas e inúmeras pessoas que o seguem em suas redes sociais. Ele não tem dúvidas de que, por meio das redes sociais, é possível anunciar e levar a boa notícia da alegria do Evangelho a muitas pessoas e, também, a muitos lugares e recantos, em muitas circunstâncias, inclusive, inóspitos. Logo, pode-se afirmar ser o Papa Francisco, na sua medida, um admirador e um apoiador das redes sociais e de seu poder de alcance. Sem negar sua eficácia e agilidade dinâmica, no entanto, o Papa Francisco não deixa de lembrar que a ação evangelizadora da Igreja não pode reter-se e não pode confiar sua missão apenas aos meios de comunicação, especialmente, os digitais, justamente, porque "ser Igreja" significa "ser comunidade de irmãos", encontrar-se com outras pessoas que querem seguir o Mestre e Senhor. O Evangelho da alegria é a Igreja "em saída", a Igreja que sai ao encontro do outro, ao encontro das periferias existenciais. A *Evangelii Gaudium* traça os objetivos do pontificado do Papa Francisco, a saber, uma Igreja missionária em saída com as portas abertas e que saiba anunciar a todos a alegria do Evangelho. Quer-se uma Igreja em estado permanente de missão (EG, 25), superando e vencendo os riscos do mundo atual, dentre os quais está um dos mais prementes e fortes, que é o de cair "numa tristeza individualista" (EG, 2). Faz-se, pois, urgente recuperar o sentido do encontro com o outro, com a comunidade, uma vez que existe uma tendência ao desaparecimento e à desistência do vínculo social. "O desaparecimento pode ser um desgaste das significações que conservam o indivíduo no mundo, uma breve experiência de desresponsabilização" (LE BRETON, 2018, p. 16).

Paradoxalmente ao que se poderia imaginar e pensar, ao invés de as condições inovadoras da comunicação e da transmissão das informações, há bem pouco tempo inimagináveis, uma vez que se têm condições nos dias atuais tanto de assistir aos acontecimentos reais como de transmiti-los a todas as plataformas virtuais, trata-se de uma inovação impressionante e impossível de ser negada ou relegada à desconsideração. Pode-se, pois, em casa, no trabalho, ou, então, na própria mão, obter e saber informações reais do mundo todo, qualquer que seja o local e o tempo de um acontecimento. Tudo é passível de cair na rede de internet, e, uma vez ali postado, o controle não está mais sob o domínio de quem baixou ou postou o conteúdo, isto é, o domínio da informação ou mesmo da imagem da postagem sai dos limites e controle da pessoa que, eventualmente, o colocou na rede. E, como se sabe, em princípio, não há mais critérios absolutos para discernir se postagens poderiam ou não ser veiculadas, ou seja, não há mais critérios morais de controle, por assim dizer, e, também, não há critérios de averiguação sobre se a informação e a postagem são verdadeiras ou não. Tudo parece estar na esfera da autorreferencialidade de cada qual. Os limites sumiram, desapareceram, e não se tem mais clareza de onde se pode ou se deve postar algo na rede de internet. Tudo é líquido, segundo Zygmunt Bauman, tudo o que é sólido desaparece, desmancha, ou, nas palavras do título de Marshall Berman, na referência ao texto de Karl Marx, *O Manifesto Comunista*: "Tudo o que é sólido desmancha no ar".

Na *Fratelli Tutti*, o Papa Francisco tece uma crítica muito acentuada e apropriada ao que ele denomina ilusão da comunicação, sobretudo no que diz respeito ao crescimento e à sustentação de atitudes intolerantes e fundamentalistas, tornando as pessoas muito fechadas em si mesmas e sem mais ousadia em escutar e considerar as opiniões alheias, por um lado, e, também, por conta de a comunicação virtual ter a capacidade de reduzir e fazer desaparecer as distâncias, penetrando, por conseguinte, quase que "automática e desapercebidamente" na intimidade da vida das pessoas. "Tudo se torna uma espécie de espetáculo que pode ser espiado, observado, e a vida acaba exposta a um controle constante" (FT, 42). Na comunicação digital, ou, então, na rede, cada pessoa se torna o foco de olhares, julgamentos preconceituosos. Forçando, poder-se-ia afirmar que Jeremy Bentham, no século XVIII, antecipou tal realidade com a imagem do *panóptico* para pensar o sistema penitenciário de vigilância. Depois, mais tarde, no século XX, esta imagem é reinterpretada de maneira muito significativa por Michael Foucault, na obra, *Vigiar e punir*, tratando-se de um sistema de dispositivos eficazes para a vigilância e o controle social das pessoas.

Com a potencialidade da comunicação, segundo o Papa Francisco, se, por um lado, há uma invasão da intimidade da pessoa e um desaparecimento da distância, contudo, por outro lado, pode ocorrer desrespeito e distanciamento do outro. "As relações digitais, que dispensam o empenho de cultivar uma amizade, uma reciprocidade estável e até um consenso que amadurece com o tempo, têm aparência de sociabilidade, mas não constroem verdadeiramente um 'nós'; [...]" (FT, 43). Logo, na rede não existe mais como critério de proximidade o respeito pela pessoa enquanto tal. "Esvai-se o respeito pelo outro e, assim, ao mesmo tempo que o apago, ignoro e mantenho afastado, posso despudoradamente invadir até o mais recôndito de sua vida" (FT, 42). Tem-se muito mais em foco o desejo de vasculhar, esquadrinhar, divulgar as informações e novidades a respeito do outro nas redes. E o que é bastante alarmante e maléfico na comunicação midiática é o fato de que nem sempre, ou, então, na maioria das vezes, o que surge está conforme com a realidade objetiva da pessoa e das coisas, e ninguém ou quase ninguém busca conferir e averiguar se a notícia, a informação ou o fato em si é verdadeiro ou não. Acaba-se por esquecer que o caminho itinerante para a verdade e para a sabedoria é longo e trabalhoso e acontece, ou melhor, se efetiva na realidade da vida. "A verdadeira sabedoria pressupõe o encontro com a realidade. Hoje, porém, tudo se pode produzir, dissimular, modificar" (FT, 47).

As relações digitais, de modo geral, podem auxiliar, mas, de fato, não conseguem criar pontes e unir a humanidade (FT, 44). Tais relações acabam, por vezes, implícita, e em outras, explicitamente, criando isolamentos sociais, vícios consumistas, formação de grupos fanáticos. Para isso, sem sombra de dúvida, na denominada era da "pós-verdade", vê-se crescer o desprezo pela pesquisa científica e pela busca da verdade, acabando por esquecer-se do que afirmou Aristóteles em sua magnífica obra, *Metafísica*, que o ser humano busca naturalmente conhecer. "Se o fracasso institucional erodiu a primazia da verdade, também para isso contribuiu a indústria multibilionária da desinformação, da propaganda enganosa e da falsa ciência que surgiu nos últimos anos" (D'ANCONA, 2018, p. 46). Segundo D'Ancona, se é verdade que o tecido conjuntivo da web é um dos maiores feitos da história da inovação humana, também é constatável que tais transformações mudaram a própria humanidade, ou seja, "[...] a web é um espelho da humanidade" (ibid., p. 50).

Logo, se, por um lado, há méritos inovadores impressionantes, viu-se, por outro lado, entretanto, a emergência notável de alguns instintos maléficos do gênero humano, fomentando, por sua vez, agressões, impropérios, difamações, afrontas, calúnias, e, por consequência, a seleção de pessoas e grupos por afinidades de gosto e de meras opiniões ou desejos. "Essa é a característica que define o mundo da pós-verdade. A questão não é determinar a verdade por meio de um processo de avaliação racional e conclusiva. Você escolhe sua própria realidade, como se escolhesse comida de um bufê" (ibid., p. 57). Não se busca saber o que é real e o que é virtual. Pode-se quase com exclusividade afirmar que o critério de seleção é se a pessoa gosta ou não gosta, simpatiza ou não simpatiza. E essa lógica de seleção vale para coisas e também para pessoas e grupos. "Assim, as pessoas ou situações que feriam nossa sensibilidade ou nos causavam aversão, hoje, são simplesmente eliminadas nas redes virtuais, construindo um círculo virtual que nos isola do mundo em que vivemos" (FT, 47).

Além do que já se supramencionou, seguindo a *Fratelli Tutti*, é importante salientar ainda um aspecto, o qual se poderia denominar autodepreciação alienadora, assumindo dois vértices de leitura. O primeiro diz respeito à nefasta lógica do desaparecimento de cena, ou seja, deixar-se levar pela "diabólica" onda de que não há mais saídas possíveis contra a lógica reinante, tornando e fazendo com que cada um se sinta encurralado, de modo a não se sentir mais pertencente a ninguém nem saber mais onde e quem seria o foco para a possível mudança da lógica reinante, o que afasta as pessoas cada vez mais do círculo de proximidade e corresponsabilidade. Imprescindível salientar que o desaparecimento pode ser e portar diferentes matizes (LE BRETON, 2018, p. 16). O segundo possível vértice diz respeito à manipulação uniformizadora de tudo e de todos, trabalhando, forte e sistematicamente, na destruição da autoestima, tanto pessoal como a de um povo, fazendo aflorar, por parte dos aproveitadores e manipuladores do poder e das riquezas, através de múltiplas formas, inclusive a da inteligência artificial, uma nova cultura a ser assimilada por todos, a saber, a cultura de não restar outra saída, senão a de aderir e trabalhar a serviço dos mais poderosos, concentrando cada vez mais, por conseguinte, o poder e as riquezas nas mãos de um pequeno número dos assim denominados "donos do mundo", em detrimento, evidentemente, da vida da grande maioria. O que condena, por assim dizer, os pobres a viverem às mínguas (FT, 52). É um escândalo que ainda haja fome e desnutrição no mundo. Ninguém deveria ser obrigado a deixar a própria terra e seu ambiente cultural por falta de subsistência. "A pessoa e a dignidade humana correm o risco de se tornar uma abstração diante de questões como o uso da força, a guerra, a desnutrição, a marginalização, a violência, a violação das liberdades fundamentais ou a especulação financeira [...]" (PAPA FRANCISCO, 2017, p. 64). É importante retomar os conceitos de pessoa e dignidade humana não como simples referência, mas como pilares sobre os quais se quer construir uma nova sociedade. Urge, nesse mesmo sentido, corajosamente, contrastar "[...] os interesses econômicos míopes e as lógicas de poder de poucos que excluem a maioria da população mundial, gerando pobreza e marginalização, com efeitos desagregadores na sociedade, assim como combater a corrupção, que produz privilégios para alguns e injustiças para muitos" (PAPA FRANCISCO, 2017, p. 64).

Contrastando tal tendência, o Papa Francisco não cansa de salientar a urgência de um projeto de fraternidade, no qual deve haver não apenas informação, mas também comunicação, diálogo, respeito, generosidade, perseverança. É preciso ter ousadia para ser capaz de escutar o outro, escutar os gemidos da criação, e escutar a voz de Deus. Faz-se urgente diminuir a velocidade e parar para sentar e ouvir as diferentes vozes presentes em nosso tempo, especialmente, as daqueles que mais necessitam: os mais pobres e fracos. "[...] somos chamados a cuidar da fragilidade das pessoas e do mundo em que vivemos" (EG, 216). Trata-se de um desafio imperioso, porque não diz respeito a apenas, segundo o pontífice, tomar uma decisão banal ou aleatória, mas, pelo contrário, significa optar por uma espécie de estilo de vida contra o narcisismo e o egoísmo. "A capacidade de sentar-se para escutar o outro, característica de um encontro humano, é um paradigma de atitude receptiva, de quem supera o narcisismo e acolhe o outro, presta-lhe atenção, dá-lhe lugar no próprio círculo" (FT, 48).

Por isso, embora haja tantas sombras densas que não podem ser ignoradas, mais do que nunca, urge ter coragem e ousadia de sonhar com o projeto de fraternidade. Nesse sentido, a própria pandemia permitiu perceber, recuperar e valorizar o trabalho de tantas pessoas, desde o trabalho mais simples e humilde até o mais complexo e sofisticado (FT, 54), esperando que a humanidade, enquanto tal, aprenda a conviver e a trabalhar pela construção e constituição efetiva de uma cultura do encontro e da fraternidade. Faz-se urgente pensar em uma vida do bem viver, mais do que na vida do bem-estar. Um sistema de desigualdades gritantes sobrevive há séculos. O projeto de consumo e de bem-estar conduz não só a muitas desigualdades, como também a humanidade ao suicídio coletivo. As promessas de progresso e vida melhor para todos não se cumpriram e não se cumprirão. "Compreende-se, paulatinamente, a inviabilidade do estilo de via dominante. O crescimento material sem fim poderia culminar em suicídio coletivo" (ACOSTA, 2016, p. 42). É imprescindível tomar novo caminho e aprender a viver de outro modo. Importante, embora pareça inútil, é pensar em produzir menos, pensar no supérfluo, no que não esteja enraizado e, obcecadamente, vinculado ao progresso econômico e ao lucro, porque, muito provavelmente, talvez seja o melhor modo de resistir e manter acesa a esperança que permita percorrer um caminho mais digno (ORDINE, 2016, p. 27). Logo, uma coisa é certa, não se pode deixar morrer o caráter da gratuidade da vida, não se pode renunciar à força geradora do inútil, porque: "[...] se escutarmos unicamente esse mortífero canto das sereias que nos impele a perseguir o dinheiro, somente seremos capazes de produzir uma coletividade doente e sem memória, que, perdida, acabará perdendo o sentido de si mesma e da vida" (ibid., p. 28). Faz-se necessário alimentar a virtude da esperança. A esperança é portadora de ousada aspiração, presente em cada pessoa que se torna capaz de sair de suas comodidades, seguranças e compensações pessoais para abrir-se às grandes ideias de uma vida espiritual que se realiza na busca do ser, da verdade, do belo e do bem (FT, 55).

2. Um estranho no caminho

O segundo capítulo da Carta encíclica discorre sobre um tema muito importante em uma época marcada por uma mobilidade humana cada vez mais dinâmica e pelo risco de isolamento individualista em detrimento das relações pessoais de proximidade, característica fundamental para uma cultura de encontro. É composto pelos parágrafos 56 a 86. Segundo o próprio Papa Francisco, é o capítulo em que ele explana sobre a teologia da cultura do encontro e da proximidade às pessoas, especialmente, das que mais necessitam. O outro não é estorvo e não incomoda, muito pelo contrário, é possibilidade enriquecedora de humanização. Quanto mais humana e mais próxima de seus semelhantes a pessoa se dispuser e se desafiar a estar, mais perto de Deus, com certeza, ficará. Afirma Jesus, no capítulo 25 do Evangelho de Jesus Cristo, segundo São Mateus. "Então o Rei responderá: 'Eu garanto a vocês: todas as vezes que vocês fizeram isso a um dos menores de meus irmãos, foi a mim que o fizeram'" (Mt 25,40). O capítulo traz os seguintes itens: *perspectiva de fundo* (FT, 57-62), *o abandono* (FT, 63-68), *uma história que se repete* (FT, 69-71), *as personagens* (FT, 72-76), *recomeçar* (FT, 77-79), *o próximo sem fronteiras* (FT, 80-83), *a provocação do forasteiro* (FT, 84-86).

Com base na parábola do Bom Samaritano, quer-se, neste capítulo, sublinhar sobremaneira dois pontos: (1) o legalismo e a indiferença e (2) a proximidade responsável e cuidadora. A partir desses dois aspectos, embora amplos para uma análise detalhada, deseja-se salientar e sublinhar a análise com a qual o Papa Francisco conclui seu segundo capítulo da Carta encíclica. Ele afirmou deixá-lo triste o fato de a Igreja ter demorado tanto a condenar a escravatura e outras formas de violência. E, ainda mais preocupante, é a forma como, erroneamente, à luz da teologia e da espiritualidade, fiéis, grupos fechados, e, inclusive, políticos e governantes dos mais diferentes níveis de atuação, defendem concepções fundamentalistas, fechamento de fronteiras e impossibilidades de abertura ao diálogo, indiferença ante o sofrimento de tantas pessoas, especialmente, dos mais pobres, que buscam rumar para outros países e buscar condições mais humanas e dignas para viver e construir sua vida. "Todavia, ainda há aqueles que parecem sentir-se encorajados ou, pelo menos, autorizados por sua fé a defender várias formas de nacionalismo fechado e violento, atitudes xenófobas, desprezo e até maus-tratos àqueles que são diferentes" (FT, 86). À luz da fé, faz-se mais do que necessário e urgente trabalhar, incansavelmente, para que cresça e se efetive em cada mente e em cada coração a convicção da dignidade inalienável de cada pessoa e o amor a todas as criaturas. Segundo o pontífice, a parábola do Bom Samaritano é uma luz diante de tantas sombras do tempo presente. Não é possível, enquanto povo de Deus, olhar para a realidade do mundo e permanecer na indiferença e na inércia, porque nada do que é humano é indiferente a Deus. E, segundo a *Gaudium et Spes*, se nada é indiferente a Deus, nada deverá ser indiferente à Igreja. Afirma a Constituição Pastoral do Concílio Vaticano II: "As alegrias e as esperanças, as tristezas e as angústias dos homens de hoje, sobretudo dos pobres e de todos aqueles que sofrem, são também as alegrias e as esperanças, as tristezas e as angústias dos discípulos de Cristo e nada existe de verdadeiramente humano que não encontre eco no seu coração" (GS, 1).

1. O legalismo e a indiferença

É muito interessante a escolha da parábola do Bom Samaritano por parte do Papa Francisco como exemplo de modelo de proximidade e acolhimento. Trata-se de uma história contada por Jesus a partir da indagação de um especialista em leis. A centralidade da discussão não é se a lei é ou não importante, uma vez ser ela, modo geral e em âmbito que excede à parábola, muito relevante, justamente, para fundamentar e garantir, juridicamente, a ação humana, para além do âmbito da ética, enquanto correta ou incorreta, justa ou injusta. A indagação feita a Jesus, por parte do especialista em leis, não está focada na discussão e na justificativa teórica da validade da lei. A questão é muito mais tentadora e capciosa, tendo por objetivo, eventualmente, captar em Jesus contradições e brechas de interpretação da legalidade judaica, para acusá-lo e condená-lo por alguma possível compreensão errônea da lei judaica ou, então, por alguma ilegalidade.

A pergunta fulcral do especialista em leis, ou melhor, do doutor da lei, é sobre o agir para ganhar a vida eterna? Jesus, sabiamente, ao invés de responder-lhe, perguntou-lhe o que estava escrito na lei? Ele, sem hesitar, respondeu acertadamente, segundo Jesus: "Amarás o Senhor, teu Deus, de todo o teu coração, com toda a tua alma, com toda a tua força e com todo o teu entendimento; e a teu próximo como a ti mesmo" (Lc 10,27). Jesus, por sua vez, confirma ter respondido acertadamente. Ele, no entanto, precisaria não apenas responder corretamente, mas também, e sobretudo, agir segundo a sentença expressa. O doutor da lei conhecia a lei e sabia o que era necessário para herdar a vida eterna. Mas a questão não tem como ponto forte o saber o caminho, ainda que a indagação sobre a felicidade, e, no caso específico da parábola, sobre a vida eterna, seja um dos temas que sempre permearam a busca não apenas dos doutos em lei, mas de todo ser humano, quanto mais dos crentes. O que é uma vida boa ou, então, como agir para herdar a vida eterna são questões que acompanharam e acompanham o ser humano outrora, hoje, e, muito possivelmente, as gerações vindouras.

Observando com mais atenção a parábola, pode-se afirmar que conhecer é indispensável, sem dúvida, mas essa é, como se sabe, uma das áreas de conhecimento, havendo, contudo, de acordo com a tradição aristotélica, por exemplo, mais duas áreas da ciência, a saber, o agir e o fazer. E, no caso próprio dessa parábola, trata-se, fundamentalmente, da área do agir, isto é, não basta saber, teoricamente, a famosa e determinante fórmula de acesso a uma experiência religiosa, mas, muito mais importante, é ter ciência e sensibilidade de que a fé não é indiferente e não se basta enquanto atitude, seja de ensimesmamento, seja de autorreferencialidade, esquecendo-se de que a mesma caracteriza-se pela compreensão da relação entre a busca de si, a proximidade aos outros e a busca de Deus. A fé, em sua dimensão constitutiva, não é uma relação privatista entre a pessoa e o absoluto. Com outras palavras, é claro, a fé é uma busca pessoal individualizada e personalizada, mas não no sentido de privatização e mercantilização do outro e do próprio Deus.

Antes de voltar ao texto da Carta encíclica para auxiliar na reflexão, quer-se, mesmo e ainda que brevemente, aludir à clássica discussão entre a lei e a justiça. A intenção é fazer referência ao legalismo cego, obtuso e injusto, que pode estar presente não apenas em textos bíblicos, mas na vida cotidiana do ser humano, como, por exemplo, no episódio da clássica tragédia grega de Sófocles, *Antígona*, ao ser perguntado se o decreto do rei dever ser considerado, em quaisquer circunstâncias, absoluto, divino e infalível. Ou seja, trata-se da questão entre direito natural e direito positivo, bem como da relação entre a justiça e a lei, isto é, se toda lei, uma vez escrita e promulgada, independentemente da circunstância em questão, é justa de modo a precisar ser observada por todos. Assim sendo, tendo como pano de fundo a parábola do Bom Samaritano e seus personagens, especialmente, os vinculados às castas privilegiadas, detentoras da interpretação vigente da lei, ao remontar a Sófocles, quer-se pôr em questão não só o legalismo da lei, a ponto de torná-lo, no caso de *Antígona*, passível de morte, como também, no caso da referida parábola, o parasitismo, ou melhor, a indiferença.

O Papa Francisco, referindo-se a passagens do Antigo Testamento, vai refletindo, justamente, a perspectiva de que a vida de cada pessoa é digna de relevância, de modo a ser a vida de cada um responsável pela do outro. Com a passagem de Gênesis acerca do assassinato de Abel por Caim, o pontífice mostra que não é possível fazer uso da fé para legitimar determinismos e fatalismos, e, em decorrência disso, a indiferença (Gn 4,9). Além dessa relevante passagem bíblica, ele nomeia algumas outras, tanto do Antigo como do Novo Testamento, para superar a cultura de legitimação da morte dos irmãos como forma de libertação das amarras e dos empecilhos de crescimento. Também não se aceita mais a ideia da reserva do respeito e do amor às tradições e vínculos familiares. Porque o sol nasce tanto para os bons como também para os maus, nasce para todos (Mt 5, 45), então, a convocação de Jesus é para o amor exigente, isto é, cada um ser misericordioso, assim como o Pai é misericordioso (Lc 6,36). Trata-se de um apelo que abarca a universalidade do amor (FT, 60). Em seguida, a *Fratelli Tutti* chama a atenção para a história do povo de Deus, para que este não se esqueça de que ele foi escravo e migrante no Egito (FT, 61).

Só o amor é capaz de romper toda forma de barreira e de limite. Somente quem ama é capaz de sair de si, de suas ocupações, de suas tarefas, para ir ao encontro do outro, não importando quem este outro seja ou de onde proceda. Somente quem ama, de fato, consegue deixar-se desafiar e é capaz de pôr de lado a preocupação com o cuidado de si mesmo e com sua existência. O ser humano, segundo Heidegger, na obra, *Ser e tempo*, é essencialmente alguém que se preocupa, vê-se "pré-ocupado" consigo mesmo e com a construção de si próprio. O ser humano é alguém que cuida de si mesmo. Existir é preocupar-se, sem sombra de dúvida, e isso não é ruim, antes, é importante (GRÜN, 2017, p. 40). Entretanto, trata-se, aqui, tendo por base a parábola do Bom Samaritano, de sair de si, superando sua agenda de trabalho e de viagem, ultrapassando o foco e o horizonte de seus projetos e aproximando-se do outro que clama por atenção e cuidado. Significa deixar tudo de lado e dar prioridade ao sofrimento e ao clamor de quem está à beira do caminho, à iminência de possível convalescência e morte. É a capacidade de dedicar o seu tempo para que o outro possa continuar a viver, sem se interessar em saber se ele é rico ou pobre, judeu ou samaritano, vendo nele apenas um irmão de peregrinação neste mundo (FT, 63).

Para o Papa Francisco, em um mundo com tantas possibilidades, condições, avanços tecnológicos, não é possível aceitar que alguns estejam mergulhados no bem-estar e no conforto, enquanto a grande maioria se vê impedida de ter condições mínimas de vida e dignidade. Faz-se urgente "[...] cuidar e sustentar os mais frágeis e vulneráveis das nossas sociedades desenvolvidas" (FT 41). Não é mais possível fechar os olhos, tampar os ouvidos, virar as costas ao sofrimento de milhões de pessoas, ainda hoje, pelo mundo afora. Infelizmente, na atualidade, como outrora, a indiferença pode levar todos "[...] a olhar para o outro lado, a passar à margem, a ignorar as situações até elas nos caírem diretamente em cima" (FT, 64). Não se pode mais aceitar as usuais desculpas de muitas atividades, muitas tarefas, medo de assaltos e confusões. É necessário perceber os dispositivos que surgem como pontos de sustentação e manutenção de uma sociedade enferma e doente. "Essa parábola é um ícone iluminador, capaz de manifestar a opção fundamental que precisamos fazer para reconstruir nosso mundo ferido. Diante de tanta dor, à vista de tantas feridas, a única via de saída é ser como o bom samaritano" (FT, 67).

O texto do Bom Samaritano é paradigmático para fazer ressurgir a vocação do cuidado e do respeito ao outro. É uma espécie de aviso prévio para não cair na miséria da enferma e paralisante indiferença (FT, 66). Faz perceber e abrir os olhos a muitas formas sutis de argumentar a incapacidade de ver e auscultar as causas da realidade cruel da indiferença. Pois existe um empenho em tornar os pobres invisíveis e em estigmatizá-los como preguiçosos e sujos. Afirma o Papa Francisco: "[...] como estamos concentrados nas nossas necessidades, ver alguém que está mal incomoda-nos, perturba-nos, porque não queremos perder tempo por culpa dos problemas alheios. São sintomas de uma sociedade enferma, pois procura construir-se de costas para o sofrimento" (FT, 65).

Como é possível constatar, há muitas formas de abandono. No caso da parábola, é muito significativo notar e anotar que o texto nomeia explicitamente a indiferença e o abandono por parte de um levita e de um sacerdote. Como outrora, ainda hoje ninguém está isento de entrar na "onda da indiferença" e das desculpas. A antiga parábola ocorre ainda hoje, e, talvez, em proporções e significações mais complexas, alarmantes e capciosas. Ainda na atualidade há, nomeadamente, pessoas representantes de todos os personagens da parábola. Há levitas e sacerdotes preocupados com suas agendas intermitentes, com os ritos de pureza e higienização. E, é claro, que não se trata apenas de afirmar serem ou padres, ou bispos, ou arcebispos, ou cardeais, ou o papa, ou pastores, ou pastoras, mas sim de pessoas que estão representadas e que fazem questão de serem retratadas nessas duas classes, levita e sacerdote. Entretanto, existe, por sorte, também inúmeros bons samaritanos, que param, aproximam-se e doam um pouco de si, de sua sensibilidade, de suas forças, de seu tempo e de seus bens, de forma a trazer esperança e vida a tantas pessoas postas e deixadas à beira do caminho. Não é possível que a história da humanidade não nos faça compreender que somos uma humanidade em seu conjunto e que não há outra opção senão o cuidado e a responsabilidade uns para com os outros e com todos. Não se pode deixar ninguém caído nas marginais da vida (FT, 68). Segundo o Papa Francisco, a parábola incentiva o trabalho na busca de "[...] refazer uma comunidade a partir de homens e mulheres que assumem como própria a fragilidade dos outros, não deixam constituir-se uma sociedade de exclusão, mas fazem-se próximos, levantam e reabilitam o caído, para que o bem seja comum" (FT, 67).

Por fim, pode-se ainda afirmar ser paradigmática tal parábola, porque o texto deixa claro a importância do discernimento para a escolha de duas atitudes, tanto pessoal como comunitária, e, também, sociopolítica, religiosa e econômica, a saber, a atitude e o estilo de vida de uma cultura do desencontro e da indiferença ante a dor e o sofrimento de tantas pessoas postas e deixadas à margem, acelerando o passo e deixando-as para trás, ou, então, a escolha de consolidação e efetivação do projeto de fraternidade.

Segundo o Papa Francisco, dia a dia, cada pessoa e toda a humanidade, aqui, sem possibilidade de esconder-se e desaparecer, pois esta atitude também já seria uma escolha, precisa enfrentar a opção de ser o Bom Samaritano ou o viandante indiferente (FT, 69), ou ainda, por conta das circunstâncias e das condições hediondas da indiferença e da eugênica histeria homogeneizante, de ser o assaltado e estar à beira do caminho, ou, então, o ladrão. Este último, por sua vez, conta com muitos cúmplices, que passam pelo caminho e nada observam ou que focam em outras direções (FT, 73).

2. A proximidade responsável e cuidadora

A narrativa do Bom Samaritano não é um acontecimento dado na história e há muito contado. O fato, enquanto tal, ocorre e pode ser recontado e reinterpretado ainda nos dias atuais. Quer-se, por isso, à luz da referida parábola, evidenciar que a indiferença social e política continua transformando os lugares em espaços e estradas desoladas, tanto em nível nacional como também internacional, deixando, por conseguinte, muitos à margem da estrada (FT, 71). Logo, todos precisam estar atentos à leitura ou releitura da parábola, inclusive quem se diz religioso ou é religioso, pois, segundo o Papa Francisco, "[...] crer em Deus e adorá-lo não é garantia de viver como agrada a Deus. Uma pessoa de fé pode não ser fiel a tudo o que essa mesma fé exige dela e, no entanto, sentir-se perto de Deus e julgar-se com mais dignidade do que os outros" (FT, 74).

Permanecendo, nesse item, muito mais como foco e atenção à atitude do Bom Samaritano, quer-se argumentar, no decorrer da reflexão abaixo, a atitude corajosa de cada um em assumir a chance oferecida diariamente e gerar processos e transformações em espaços e esferas próximas e concretas da vida cotidiana, para, quem sabe, em seguida, expandir o estilo de vida aos espaços e às esferas mais abrangentes, fomentando e constituindo, paulatina e progressivamente, a cultura da proximidade e do encontro no foco de um ambicioso projeto de fraternidade universal. O Papa Francisco admoesta a todos para que não esperem apenas dos governantes e das políticas de governo ou de Estado, mas que cada um esteja atento para habituar-se a ser sensível e a tornar-se próximo dos que estão à beira e à margem do caminho. Não se pode aceitar a desculpa há muito conhecida e badalada da impotência de ação, ante tantas dificuldades e desafios. Afirma-se na Carta encíclica: "As dificuldades que parecem enormes são a oportunidade para crescer, e não a desculpa para a tristeza inerte que favorece a sujeição" (FT, 78). O Papa Francisco salienta, porém, ser mais importante, eficaz e estratégico a construção de um "nós", porém, não no sentido de uma soma das individualidades, e, sim, em um todo cultural, uma vez que o "[...] todo é mais do que a parte, sendo também mais do que a simples soma delas" (EG, 235). Eis mais uma vez evidenciado um dos quatro pressupostos importantes do Papa Francisco, em seu pensamento e reflexão.

Com o auxílio e a ponte de Levinas, a proximidade é o sentido mais profundo da vida humana. É anterior à própria questão da consciência como caminho de retorno a si mesmo (LEVINAS, 1988, p. 71). Não se trata de negar a consciência, mas de recorrer ao nível prévio do saber, a subjetividade singularizada, a qual já significa proximidade, sensibilidade, vulnerabilidade (ibid., p. 173). Para Levinas, proximidade significa aproximação, que, primordialmente, é contato e não equacionamento intelectual do contatado. Não é um saber, mas uma base original possível do saber, que, todavia, não se substitui, em nenhuma hipótese, a esta base original. Trata-se de uma questão de outra ordem. Isso parece indicar uma ruptura com a estrutura teorética do pensamento ocidental (id., 1997, p. 23).

A proximidade é, assim, a relação com uma singularidade sem a mediação de nenhum princípio, de nenhuma idealidade, senão de encontro com o outro que desafia à resposta. A proximidade não é um estado, um repouso, mas, precisamente, inquietude, não lugar, fora do lugar do repouso que perturba a calma da não localização do ser que se torna repouso em algum lugar. Logo, a proximidade é sempre insuficiente, jamais demasiado próxima. Não se basta numa estrutura fixa. A proximidade converte-se em sujeito. Chega a seu ponto superlativo quando desencadeia a inquietude que não cessa, convertendo-se em única e, desde esse momento, se esquecendo completamente da reciprocidade, isto é, da exigência de um amor do qual não se espera correspondência. A proximidade é o sujeito que se aproxima e que não pode deixar de responder e responsabilizar-se pelo outro que clama por resposta e aproximação. Quer dizer, a cultura do encontro contrasta a cultura do egoísmo. "A cultura do egoísmo, do individualismo, aquela que frequentemente regula nossa sociedade, não é a que constrói e conduz a um mundo mais habitável, mas, sim, a cultura da solidariedade" (PAPA FRANCISCO, 2017, p. 9).

A proximidade não se resolve na consciência que um ser adquire de outro ser ao qual estimaria próximo enquanto se encontrasse à sua vista ou ao seu alcance e enquanto fosse possível captá-lo, tê-lo ou entretê-lo na reciprocidade do aperto de mãos, da carícia, da colaboração, do comércio ou da conservação. Proximidade não está no saber e tampouco na reciprocidade (LEVINAS, 1987, p. 103). Proximidade é não indiferença à presença do outro que olha e pede para ser acolhido. A diferença constitui-se, portanto, em não indiferença e na ruptura com o sistema da reciprocidade enquanto obsessão da responsabilidade inadiável e convocatória. Na perspectiva levinasiana, o humano não nasce nem na decisão nem na obediência.

O humano é uma possibilidade que nasce do questionamento do ser, da saída da dimensão ontológica. A ética surge, exatamente, quando ninguém pode responder em lugar de alguém. Para Levinas, ser autêntico significa, então, vencer o medo de superar o esquecimento da responsabilidade ao chamado e de encontrar a dimensão verdadeira do existir e do pensar. É o movimento em direção ao outro em sentido único, sem preocupação do movimento de volta. Mais exatamente, é o aproximar-se de tal maneira que, acima de todas as relações recíprocas que não deixam de se estabelecer entre eu e o próximo, eu sempre dou um passo a mais até ele. Isso somente é possível se esse passo é uma responsabilidade, de tal modo que, na responsabilidade existente em mim com relação ao outro, sempre tenho uma resposta a mais para responder à sua própria responsabilidade (LEVINAS, 1987, p. 143). Logo, responsabilidade não é coincidência e muito menos retorno. É sempre abertura. É o dar-se inexoravelmente. O próximo não concerne por ser reconhecido como pertencente ao mesmo gênero, mas, sim, porque é precisamente outro. O próximo é irmão. É fraternidade irrecusável. É impossibilidade de recusa. É o gemido do humano totalmente outro (LEVINAS, 1993, p. 119).

Voltando à Carta encíclica, embora o Papa Francisco não faça alusão explícita a Levinas, com confiança, pode-se afirmar ter se tornado mais claro o desafio da proximidade responsável. Em Levinas, eticamente falando, a atitude e o itinerário de proximidade em direção ao outro é em uma dimensão, muito mais afeita, à relação do "eu" e o "outro". Não se referenciou a relação ao terceiro, também, porque não é propósito desta reflexão. Sem entrar nos pormenores detalhados da análise acerca da sustentação do próximo sem fronteiras, inclusive no que diz respeito à atitude que ultrapassa a relação que comporta o terceiro, enquanto terceiro, propriamente, mas também como grupo, comunidades e nacionalidades. A parábola do Bom Samaritano é um convite a superar o isolamento e a indiferença do indivíduo, bem como a ultrapassar os limites de proximidade enquanto laço sanguíneo e enquanto proximidade geográfica. "A medida do amor para com o próximo não é estabelecida na base das fronteiras da pertença religiosa ou do grupo social, mas unicamente na base da necessidade do outro" (FABRIS; MAGGIONI, 1992, p. 126). Faz-se o apelo sereno e urgente à proximidade do cuidado de quem aparece e está no mesmo caminho ou à beira do caminho, independentemente, portanto, de quem seja e de onde proceda. "O próximo, então, é qualquer pessoa que se aproxima dos outros com amor operativo e generoso, sem levar em conta as barreiras religiosas, culturais e sociais" (ibid., p. 126). O amor autêntico é criativo, é operativo para todo ser humano, é livre. Afirma o Papa Francisco: "A proposta é fazer-se presente a quem precisa de ajuda independentemente de fazer parte ou não do próprio círculo de pertença. Nesse caso, o samaritano foi quem *se fez próximo* do judeu ferido. Para se tornar próximo e presente, ultrapassou todas as barreiras culturais e históricas" (FT, 81: grifos do autor). Eis, pois, o apelo que não cala e que convoca todas as pessoas de boa vontade a sonhar junto o projeto de fraternidade. "A fraternidade é uma dimensão essencial do homem, um ser relacional. A consciência viva dessa dimensão nos leva a ver e a tratar cada pessoa como uma verdadeira irmã e um verdadeiro irmão" (PAPA FRANCISCO, 2017, p. 13). Sem uma tal consciência, isto é, sem a saída da hostilidade para a hospitalidade, sem a saída da insensibilidade diante dos sofrimentos humanos para a solidariedade, torna-se impossível a construção de uma sociedade justa e de uma paz firme e duradoura.

3. Pensar e gerar um mundo aberto

O terceiro capítulo da Carta encíclica é o capítulo de proposição inquietante. Contém os parágrafos 87 a 127. Trata de temas importantíssimos e complexos. Não são temas fáceis e também não é preocupação focal do Papa Francisco dar-lhes análise e interpretação fechadas. Muito antes, sua preocupação é a proposição de assuntos imprescindíveis para pensar e gerar um mundo aberto. Não se pode simplesmente afirmar ser o capítulo terceiro o mais importante ou o miolo central da obra, mas é possível considerá-lo e tê-lo como parte intrínseca do projeto de fraternidade universal. Não se trata mais de afirmar ser o capitalismo melhor ou pior, ou, então, de condenar este ou aquele. Mas de considerar e de afirmar que o ritmo e o modelo do mundo atual não têm outro fim senão a possível destruição da criação e a própria autodestruição da humanidade. Alguém poderá dizer ser um tanto exagerado tal prognóstico, mas sabe-se e afirma-se, com o próprio Papa Francisco, ser a crise antropológica uma das raízes, senão a raiz, da crise ecológica. Afirma, nessa perspectiva, Arendt: "O que nos ocorre em primeiro lugar, naturalmente, é o tremendo aumento de poder humano de destruição, o fato de que somos capazes de destruir toda a vida orgânica da terra e de que, algum dia, provavelmente seremos capazes de destruir a própria Terra" (ARENDT, 2004, p. 281).

O abismo crescente entre valores e interesses, tanto em nível individual e familiar como político nacional e internacional, mostra a imensa desproporção entre os limites das preocupações individuais e a amplidão das consequências do agir humano. À luz dessa problemática, pela primeira vez, nossa civilização coloca cada ser humano, cada nação diante da problemática comum. Faz-se urgentíssimo assumir sem resistência e sem possibilidade de negação, segundo Hans Jonas, o princípio responsabilidade, que assume a forma de um princípio de autoridade, capaz de afrontar os desafios emergentes e de assegurar aos seres humanos a capacidade de governar seus poderes. "Trata-se de assumir a responsabilidade pelo futuro do homem" (JONAS, 2006, p. 353). Torna-se dever o princípio inspirador de um novo paradigma de convivência, a saber, o paradigma do cuidado no sentido de não ser apenas um ato, mas uma atitude. Tal princípio representa, por conseguinte, uma atitude de ocupação, preocupação, responsabilização e envolvimento afetivo e efetivo de cada ser humano consigo próprio, com o outro, com o mundo que o cerca e com a totalidade da existência humana. Significa, numa palavra, uma nova maneira de ser, de estruturar-se, de dar-se a conhecer e de responsabilizar-se diante de tudo e de todos, ultrapassando, pois, a tentação de pensar e crer que a vocação do ser humano encontrar-se-ia no contínuo progresso de domínio e progressos avassaladores, superando-se sempre a si mesmo, rumo a feitos cada vez maiores e aumentativos (JONAS, 2006, p. 43). Afirma-se: "Preservar essa possibilidade como responsabilidade cósmica significa precisamente o dever de existir. Exprimindo-nos de forma extremada, poderíamos dizer que a primeira de todas as responsabilidades é garantir a possibilidade de que haja responsabilidade" (ibid., p. 177).

Voltando à Carta encíclica, sublinha-se que o Papa Francisco salienta temas muito importantes e complexos. Eis os temas destacados no terceiro capítulo: *mais além* (FT, 88-90), *valor único do amor* (FT, 91-94), *progressiva abertura do amor* (FT, 95-96), *sociedades abertas que integram a todos* (FT, 97-98), *noções inadequadas de um amor universal* (FT, 99-100), *superar um mundo de sócios* (FT, 101-102), *liberdade, igualdade e fraternidade* (FT, 103-105), *amor universal que promove as pessoas* (FT, 106-111), *promover o bem moral* (FT, 112-113), *o valor da solidariedade* (FT, 114-117), *repropor a função social da propriedade* (FT, 118-120), *direitos sem fronteiras* (FT, 121-123), *direitos dos povos* (FT, 124-127).

Não é possível neste empreendimento introdutório trabalhar detalhadamente cada item supracitado. Não é, provavelmente, o propósito do Papa Francisco. Ele tem conhecimento de que todos os treze itens apresentados demandariam um aprofundamento e uma fundamentação mais zelosa e cuidadosa, se houvesse o intento objetivo de uma discussão acadêmica. Por outro lado, também, não se pode afirmar ter passado desapercebido da redação da Carta encíclica. Não seria ingenuidade do Papa Francisco. Na verdade, o que ele quer, enquanto liderança religiosa e política e enquanto sucessor de Pedro à frente da missão da Igreja, e sensível à condição e à situação humanas, com suas grandezas e suas misérias, é desatar o nó da exaustão das condições existenciais da vida neste mundo, criado por Deus e entregue ao ser humano para cuidar da criação divina. Não é possível que tal situação não fomente em todos a inquietação e indignação diante de tantas injustiças, de tanto sofrimento e de tantos abismos. Então, com essa breve observação, tendo-a presente como pano de fundo, quer-se trabalhar, neste capítulo, três aspectos, buscando dar conta das teses centrais dos treze temas sublinhados: (1) o ser humano é um ser de amor e de abertura contínua, (2) o projeto de liberdade, igualdade e fraternidade, (3) a solidariedade e os direitos sem fronteiras.

1. O ser humano é um ser de amor e de abertura contínua

O ser humano existe por amor e para amar. Diz São João, quem amou por primeiro o ser humano foi Deus, e porque Deus ama o ser humano, ele é convidado a amar. Ninguém é uma ilha, diz um adágio popular, ou seja, ninguém consegue viver sem a abertura e sem a presença do outro, seja ele quem e quando for percebido. Muito provavelmente, o mais triste e, talvez, o trágico da vida humana é em nenhum momento da existência experimentar-se a vida enquanto dom e doação e enquanto vocação para amar. Como se sabe, ninguém escolheu e ninguém escolhe nascer, assim foi outrora, e continua sendo nos dias atuais, mesmo em época de tantos avanços, pois, por enquanto, o que se consegue afirmar é que alguém – e, no caso, aqui, pai e mãe ou responsáveis – pode selecionar as características e quando se dará o início da concepção, mas o nascituro não define as próprias características nem quando irá nascer. Sem entrar em detalhes e na complexidade das questões que envolvem bioética e biodireito, sobremaneira, tem-se como certo que o início da vida de alguém sempre se dá sem o consentimento deste alguém. Por isso, quer-se afirmar que a vida é um dom. E, independentemente, das circunstâncias e das condições existenciais que envolvem a referida pessoa, ainda no útero, ela é uma graça e dom de Deus. Nesse sentido, a pessoa nasce e inicia seu caminho de pertencimento à humanidade enquanto tal. Em um primeiro momento, a pessoa é totalmente dependente de seus semelhantes, e, aos poucos, vai se desenvolvendo e crescendo. Ela vai tomando conhecimento de si mesma e também do mundo que a cerca. Enfim, vai percebendo, descobrindo e assumindo sua vida, sentindo-se e dando-se conta de que sua vida não está pronta de maneira estática e definitiva, precisando, porém, despertar para o compromisso e para a responsabilidade ante essa vida, que precisa ser construída e constituída. Cada indivíduo vai, progressivamente, portanto, percebendo que sua humanidade é assumida e realiza-se na medida em que há uma síntese de individualidade e sociabilidade. Ou seja: "[...] a liberdade efetiva é a liberdade da formação intersubjetiva de relações, isto é, da construção do ser pessoal como ser-com-a-alteridade" (OLIVEIRA, 2012, p. 256).

O ser humano precisa ser entendido como um ser que há de alcançar a perfeição por meio da própria atividade. Essa característica é de significado fundamental para compreendê-lo como um ser que está em busca contínua da realização pessoal. Ele é um ser aberto e inacabado, isto é, em sua unicidade e singularidade o ser humano não nasce pronto. Se, por um lado, apresenta-se como já efetivado, por outro, também, como possibilidade aberta, ou seja, precisa permanentemente construir e conquistar o seu ser. Assim sendo, seu grande desafio é esse processo de construção do seu ser. O que o ser humano é não está estabelecido de antemão, pois sua primeira tarefa é sua própria *autogênese*. A abertura que caracteriza sua vida significa que ele deve dar orientação fundamental a seus impulsos. Seu ser é, em primeiro lugar, uma busca de si mesmo. Por isso, o ser humano é essencialmente desafio. Só ele tem, portanto, seu destino, isto é, sua efetivação não está de antemão garantida, mas, sim, é submetida a situações determinadas, em que é posta sempre em jogo. O indivíduo é, por conseguinte, um ser de ameaça permanente, ameaça em relação a seu próprio ser, que se pode perder. Ele está sempre sob o apelo de criar as condições necessárias para efetivar-se (OLIVEIRA, 1995, p. 93). Por isso, apresenta-se como um projeto aberto. Todo o seu agir constitui um atestado dessa abertura. De fato, em tudo o que pensa, deseja, quer, realiza, o indivíduo sempre ultrapassa os limites já atingidos pelo pensamento, pelo desejo, pela vontade, pela ação, pelo trabalho. "O ser humano se revela, assim, como permanentemente para além do simplesmente dado, na direção de um horizonte mais vasto. Ele está sempre em um mundo, mas não está preso a ele, e a pergunta o situa na esfera do aberto, da tarefa constante de sua autoconstrução" (OLIVEIRA, 1995, p. 93).

Enquanto criada e dada ao amor, nesse sentido, cada pessoa vai descobrindo a si mesma e os outros, e sente ser importante sua abertura aos semelhantes. Sente-se mais realizada e feliz quando ama e se coloca na presença de outrem. "A partir da intimidade de cada coração, o amor cria vínculos e amplia a existência, quando arranca a pessoa de si mesma para o outro" (FT, 88). E, aos poucos, a pessoa vai tomando conhecimento da beleza, e, ao mesmo tempo, da riqueza de abrir-se, mais e mais, aos outros, possibilitando-lhe superar os vínculos fechados e restritos, os quais podem tornar-se, em muitas situações, grupos de autorreferência e de autoproteção (FT, 89). Importante o processo de descoberta e crescimento na dimensão de abertura aos outros e de acolhimento dos outros, independentemente de quem vierem a ser e a se apresentar. Nessa compreensão, o Papa Francisco faz questão de referenciar as muitas atitudes, as inúmeras movimentações no decorrer da história de acolhimento aos peregrinos e aos pobres. Ele cita, expressamente, a Regra de São Bento a respeito dos pobres e peregrinos. Aos pobres e peregrinos deve-se acolhê-los com toda consideração e carinho (FT, 90). Claramente se pode afirmar que a abertura aos outros, a hospitalidade para com o outro, especialmente, com o diferente de mim, pode vir a dar-se de forma bastante espontânea, mas esta não pode ser uma regra geral. Precisa-se, também, educar a pessoa para a abertura, e, por conseguinte, para o acolhimento, a hospitalidade. "A hospitalidade é uma maneira concreta de não se privar desse desafio e desse dom que é o encontro com a humanidade mais além do próprio grupo" (FT, 90).

O Papa Francisco recorda também que há algumas atitudes que manifestam as virtudes morais, mas, tão somente a caridade, infundida por Deus no coração humano, é capaz de realizar um dinamismo de abertura a outras pessoas (FT, 91). Todas as virtudes teológicas são importantes, mas, acima de todas, segundo São Paulo, está a caridade, que, em última análise, é o amor. Para o Papa Bento XVI, o amor constitui "[...] o critério para a decisão definitiva sobre o valor ou a inutilidade de uma vida humana" (DCE, 15). Não há dúvidas de que há muitos aspectos que desenvolvem uma aversão ao amor, especialmente, os que alicerçam uma vida baseada nas aparências e nas sombras de um mundo fechado. Dito de outro modo, alguém poderá ser levado a assumir o caminho da constituição de sua vida como se fosse a construção de um castelo sobre a areia. É isso que acontece, quando alguém imagina construir sua vida com base nas aparências, no poder de suas ideologias, no desrespeito à vida dos outros, nas demonstrações de poder e força. Mas, no fim das contas, o maior perigo, citando São Paulo, na Carta aos Coríntios, é não amar (1Cor 13,1-13). Com passagens alinhadas com Santo Agostinho, São Tomás de Aquino, São Boaventura, o Papa Francisco afirma ser o amor mais do que simples ações boas e isoladas, ainda que importantes e distintivas. "O amor ao outro por ser quem é impele-nos a procurar o melhor para a sua vida. Só cultivando essa forma de nos relacionarmos é que tornaremos possível aquela amizade social que não exclui ninguém e a fraternidade aberta a todos" (FT, 94).

É importante frisar que o acento do Papa Francisco não está na compreensão do amor subjetivo, sentimental, muito frequente em nossa época. O amor é boa vontade criativa, compreensiva para com todos. O amor tem, portanto, conotação muito mais objetiva e universal. "O amor universal de Deus nos leva a estabelecer também uma relação para além das fronteiras que nós estabelecemos" (GUIMARÃES, 2019, p. 170). O amor não é mero esforço humano, ou, então, além de ser uma boa vontade criativa e compreensiva, é também uma dádiva que vem da fonte do amor, que é Deus. É uma irradiação do amor de Deus (ibid., p. 171). O amor coloca cada um e todos em saída de si e procura do outro, dos outros e de Deus. O amor busca também a comunhão quanto mais universal possível, pois quem ama não consegue fechar-se em si e nos seus, pura e simplesmente, procura ir sempre mais além, ultrapassando os limites do visível e do ciclo de relações e de amizade. Trata-se, pois, da comunhão universal, isto é, metaforicamente falando, de lançar os olhos, os ouvidos e o coração para todas as periferias humanas. Afirma o Papa Francisco: "Por sua própria dinâmica, o amor exige uma progressiva abertura, uma maior capacidade de acolher os outros, em uma aventura sem fim, que faz convergir todas as periferias rumo a um sentido pleno de mútua pertença" (FT, 95). De acordo com a compreensão mais abrangente do amor, isto é, do amor cristão, sobretudo à luz da fundamentação bíblica, não é possível aceitar o isolamento, o fechamento e a sujeição à concepção do amor ao círculo de amigos próximos e mais atraentes. Faz-se urgente cultivar o amor universal, à humanidade toda, com suas mazelas, fraquezas e riquezas. Ou seja, é preciso cultivar um amor sem fronteiras. "O amor que se estende para além das fronteiras está na base daquilo que chamamos 'amizade social' em cada cidade ou em cada país. Se for genuína, essa amizade social dentro de uma sociedade é condição para possibilitar uma verdadeira abertura universal" (FT, 99).

2. O projeto de liberdade, igualdade e fraternidade

Em primeiro lugar, ao denominar o segundo subtítulo deste capítulo de "O projeto de liberdade, igualdade e fraternidade", sublinha-se que o propósito da Carta encíclica não é remontar à *Filosofia do Iluminismo*, caso se queira, à Revolução Francesa, com seu mote por todos há muito conhecido: *liberdade, igualdade e fraternidade*. Portanto, quer-se, a seguir, traçar, em um primeiro momento, uma breve consideração a alguns aspectos do *século do Iluminismo*, ou mais propriamente, ao processo denominado *esclarecimento* (*Aufklürung*), a fim de apresentar, em seguida, o projeto do Papa Francisco em uma perspectiva bem mais abrangente e aberta, isto é, não mais, pura e quase exclusivamente, como projeto eurocêntrico. Não é possível pensar que todos possam ser agregados em uma espécie de projeto homogeneizado. A palavra e o processo avassalador de globalização, hoje muito em voga, não podem ser modelos para o projeto da fraternidade universal. A globalização pretende a uniformização e a homogeneização e visa à eliminação das diferenças e das características específicas de cada pessoa, de cada grupo e de cada povo, porque todos precisam seguir à risca os ditames do progresso e as regras estabelecidas para pertencer ao "clube dos incluídos". Afirma a respeito o Papa Francisco: "Esse falso sonho universalista acaba privando o mundo da variedade das suas cores, da sua beleza e, em última análise, da sua humanidade" (FT, 100).

Um dos aspectos que marcam o *Iluminismo* é justamente a questão conceitual. Não há unanimidade e consenso acerca de tal conceito. Ele carrega também as ambiguidades. Tais características vão desde a discussão acerca das possíveis aproximações entre os conceitos *Iluminismo, Ilustração, Esclarecimento, Metáfora das Luzes* até a desconfiança do mote do Iluminismo alicerçado sobre a confiança exacerbada no poder e alcance da própria razão, uma vez que a crença no poder da salvação da humanidade por parte da razão cede lugar ao questionamento e pesadelo da própria destruição da humanidade (FALCON, 1994, p. 8). Não se trata aqui de entrar nos pormenores, mas, tão somente, de alertar para as possíveis dificuldades de compreensão conceitual. Em nível geral, salienta-se, entretanto, que se compreende aqui a *Metáfora das luzes* não apenas como um acontecimento, nem como um movimento intelectual e tampouco como um modismo de certa época, mas como um processo de esclarecimento do homem, isto é, como contínuo processo progressivo de os homens serem capazes de pensar por si mesmos (FALCON, 1994, p. 8). A civilização ocidental está na aurora de uma nova época, caracterizada pelo otimismo, pela confiança na razão, no cosmopolitismo, bem como pela fé no progresso universal. O Iluminismo se fundamenta basicamente sobre três pilares: natureza, razão e progresso. Natureza é o termo que se refere sobremaneira ao sistema newtoniano, baseado na lei de causa e efeito. O universo é governado por leis universais, as quais o homem pode descobrir pela observação e a razão. Natureza significa tudo o que é bom e conforme à ordem. A razão é o instrumento que possibilita a aplicação dessa norma. Ela penetra a realidade a ponto de desvelar todas as aparentes divergências, todos os acréscimos devidos à tradição e aos preconceitos. Rejeita tudo o que é autoridade, seja ela política ou eclesiástica. O termo progresso resume os ideais do Iluminismo, a ponto de afirmar que o progresso deveria substituir o céu como objetivo e alvo da ação humana (GILLES, 1987, p. 171). "A crença no progresso e na perfectibilidade humana, além da defesa do conhecimento racional para a superação dos paradigmas metafísicos, é o mote do Iluminismo" (SCHWARTZ, 2010, p. 271).

O conceito *Aufklärung* é concebido, *grosso modo*, como o tempo e processo da confiança na razão e no progresso, ou, então, como o início da nova era da história da liberdade. Poder-se-ia dizer e afirmar ser, portanto, o tempo da razão e da ciência. Para Kant, Hegel, Marx, *Aufklärung*, mais do que uma construção *a priori* de um processo universal de história como também de um processo de emancipação e de liberdade unidimensional, é uma análise crítica da possibilidade de realização da liberdade como processo progressivo. Não tem a significação de Bacon, Condorcet e Comte, que veem *Aufklärung* muito mais como um processo progressivo do domínio e poder sobre a utilização da natureza através da ciência e da técnica. O ser humano, não obstante permaneça na possibilidade da ameaça de perder-se e não se realizar enquanto ser livre, tem que desenvolver, isto é, realizar na história sua liberdade (OELMÜLLER, 1973, p. 144).

Nessa perspectiva, o Iluminismo caracteriza-se, também, como libertação dos seres humanos do medo e de todo tipo de superstição, bruxaria ou feitiço. Ele distingue-se pela dúvida e pela crítica a tudo quanto carece de comprovação fática, tornando-se, assim, o conhecimento a chave da dominação da natureza. E isso é possível, porque o ser humano é portador do saber, e saber é poder para algo. A dúvida torna-se o elemento essencial do progresso. O ser humano busca saber como tudo funciona (SCHWARTZ, 2010, p. 271). A configuração desse novo modo de pensar significa, em última análise, criticar, duvidar. Tudo deve ser submetido ao espírito crítico. A razão apresenta-se cada vez mais crítica à autoridade, à tradição, à revelação. A razão, mais do que uma herança, mais do que um somatório ou síntese de ideias inatas reveladoras da essência absoluta do existente, é uma aquisição possível (FAL-CON, 1994, p. 36). Vê-se, pois, que o Iluminismo traz inerente ao seu conceito a ideia de progresso, a ideia de um movimento que caminha sempre mais para saltos progressivos da humanidade. E isso se evidencia nas ditas revoluções política, econômica, social, cultural. A revolução é, aqui, claramente, consequência e efeito do trabalho árduo da razão. Só há condições de se transpor algo na medida em que o entendimento permite a descoberta de suas leis de funcionamento, superando o estágio de ignorância em que a humanidade se encontrava anteriormente. Razão e revolução conduzem a humanidade à libertação dos jugos do passado, das crenças, dos dogmas e das superstições. Para Harvey, "os pensadores iluministas acolheram o turbilhão da mudança e viram a transitoriedade como condição necessária por meio da qual o projeto modernizador poderia ser realizado" (HARVEY, 2006, p. 23). Cassirer, por sua vez, ao interpretar o Iluminismo, declara que o progresso e o evoluir encontram-se no sentido de que o eterno engloba e dá sentido à constante mutabilidade. A razão busca atingir o reino dos fins. Para ele, "o século XVIII está impregnado da fé na unidade e imutabilidade da razão. A razão é idêntica e uma, para toda a nação, toda a época, toda a cultura" (CASSIRER, 1992, p. 23). A história é vista, por conseguinte, como um processo evolutivo contínuo. "A razão desliga o espírito de todos os fatos simples, de todos os dados simples, de todas as crenças baseadas no testemunho da revelação, da tradição, da autoridade; só descansa depois que desmontou peça por peça, até seus últimos motivos, a crença e a 'verdade pré-fabricada'" (CASSIRER, 1992, p. 33).

Fez-se questão de remontar ao processo denominado esclarecimento, porque, enquanto acontecimento histórico do *Século das Luzes*, ou, também, do Iluminismo, especificamente, tem-se como grande fato histórico a *Revolução Francesa*, cujo mote estava expresso na famosa composição: *liberdade, igualdade e fraternidade*. Sem sombra de dúvida, há muitos aspectos importantes e relevantes trazidos pelo tripé supracitado. No entanto, quer-se referir, aqui, nesse caso, embora não de maneira absoluta, que a concepção da filosofia do Iluminismo, enquanto tal, nos diferentes países da Europa do século XVIII, dentre outros, especialmente, França, Itália, Alemanha, Inglaterra, Áustria, Holanda, concentra-se muito fortemente na concepção de liberdade, igualdade e fraternidade a partir da história e do círculo europeu. Mesmo que haja leituras e análises interpretativas muito interessantes, sofisticadas e bem fundamentadas, contradizendo o ponto de vista ora aqui apresentado, modo geral, trata-se de defender, ainda que superficialmente, a tese de que o modelo europeu, muito provavelmente, seria o modelo idealizado e a ser buscado e seguido por todos no processo de emancipação e esclarecimento. Portanto, continuando nessa linha de pensamento e de análise muito mais intuitiva, e, por conta da natureza introdutória deste texto, sem aprofundamentos mais detalhados, pode-se forçar um pouco, e, como se diz no ditado popular, "esticar a corda" e referenciar a tese de que a tentativa de homogeneização eurocêntrica, cujo auge se dá com o Iluminismo, pode ser aproximada do que, bem mais tarde, poder-se-á denominar globalização da vida humana.

O Papa Francisco não está só no caminho da reflexão da crítica à homogeneização e ao colonialismo europeu. Tem-se visto e reconhecido inúmeras críticas a tal concepção de mundo, solidificado pelo neoliberalismo, desde dentro do próprio contexto europeu até o contexto de outras regiões do mundo afora, a respeito da globalização e do seu estilo unificado e formal de domínio e controle. "O capitalismo está cego diante das condições e das consequências de sua própria dinâmica econômica" (ACOSTA; BRAND, 2018, p. 33). Há inúmeros pensadores de diferentes áreas, importantes e qualificados, que poderiam ser destacados e ser trazidos à baila na linha de crítica ao projeto do neoliberalismo, isto é, a uma nova maneira de colonialismo cultural, cujo foco principal centra-se na economia de mercado, julgando e apreciando as pessoas com base no fato de estarem e assumirem ou não o "estilo cultural e econômico" muito bem delineado e determinado. Vive-se, pois, em um sistema econômico e político que favorece a concentração da riqueza e do poder, sem beneficiar, por assim dizer, toda a população. "Essa recente evolução do capitalismo faz parte da crescente virtualização do mundo que muita gente não compreende completamente. Trata-se de um modelo econômico que reforça o poder dos dirigentes ou do capital, enquanto diminui o valor do trabalho humano" (INNERARITY, 2021, p. 142).

Para corroborar essa leitura preocupante, traz-se aqui a tese da pesquisadora Shoshana Zuboff, em seu impactante livro, *A era do capitalismo de vigilância*, para sublinhar e relevar o que se pode acentuar como maneira subliminar de manter o controle e o domínio sobre tudo e sobre todos. A análise de Zuboff é perturbadora e escancara as ameaças da sociedade do século XXI. Segundo a autora, vive-se numa espécie de "colmeia", isto é, de conexão plena, capaz de seduzir a todos com a promessa de lucro máximo garantido, mesmo que às custas da democracia, da liberdade e do futuro da humanidade. Tal projeto, segundo Zuboff, enfrenta pouca resistência por parte da lei e da sociedade, e, se não houver uma ação em conjunto, o capitalismo de vigilância estará em vias de dominar a ordem social e moldar o futuro digital. O capitalismo de vigilância gera uma nova espécie de poder que ela chama de *instrumentarismo* (ZUBOFF, 2021, p. 19). "O poder instrumentário conhece e molda o comportamento humano em prol de terceiros. Em vez de armamentos e exércitos, ele faz valer sua vontade através do meio automatizado de uma arquitetura computacional cada vez mais ubíqua, composta de dispositivos, coisas e espaços 'inteligentes' conectados em rede" (ibid., p. 19).

O Papa Francisco, por sua vez, lembra ser importante pensar e gestar o projeto de liberdade, igualdade e fraternidade a partir de outro estilo de vida. Urge cultivar novas formas de relacionamento, sendo ele focado nas relações pessoais, familiares, comunitárias, em nível nacional ou, mesmo, internacional. A abertura do amor não é apenas geográfica, mas é existencial (FT, 97). Cada pessoa precisa sentir-se cidadã universal, não apenas de direito, mas, de fato, pois muitos cidadãos se sentem forasteiros existenciais em seu próprio país. "Pode ser um cidadão com todos os documentos em ordem, mas fazem-no sentir-se como um estrangeiro na sua própria terra" (FT, 97). Francisco, na *Fratelli Tutti*, acaba por nomear as diferentes formas de racismo, os exilados, os que trazem deficiência e os idosos como grupos de pessoas que precisam ser cuidadas e acompanhadas com dignidade. Faz-se emergencial o apelo do cuidado e do acompanhamento aos grupos mais marginalizados e discriminados, especialmente, por parte da missão da Igreja (FT, 98). "A pobreza ensina a solidariedade, a partilha e a caridade, e se exprime também na sobriedade e na alegria pelo essencial, para advertir contra os ídolos materiais que ofuscam o sentido autêntico da vida" (PAPA FRANCISCO, 2017, p. 63).

Tomando em conta a parábola do Bom Samaritano, vê-se, com sofrimento e dor, crescer os movimentos baseados na xenofobia, na indiferença. Aqui, o próximo é somente aquele que compartilha os mesmos interesses, a mesma ideologia e o mesmo estilo e concepção de vida, normalmente. Cresce, segundo o Papa Francisco, o número de pessoas que passam pelo caminho e não se deixam inquietar e desafiar pelo outro que precisa de aproximação e cuidado, uma vez que fazer isso pode constituir risco de assalto, de agressão e de morte. O outro diferente é visto como o opositor, o oponente que precisa ser evitado. Infelizmente, essa maneira de pensar e agir não é rara e incomum, antes, pelo contrário, é provavelmente a mais imperante e determinante em nosso século. E o problema engrossa o caldo, justamente, porque acaba-se por relevar e avalizar a concepção de liberdade, igualdade e fraternidade, tendo por base os círculos relacionais, o que dá margem ao individualismo, ao narcisismo, ao racismo, ao fechamento recrudescente dos iguais, que pensam e agem conformemente. Superar a lógica do progresso cuja finalidade é o lucro a todo custo e a concentração de renda e poder para uma lógica da inclusão, da gratuidade e do inútil, como afirma Ordine.

> O homem moderno, que não tem tempo para se dedicar a coisas inúteis, está condenado a se tornar uma máquina sem alma. Prisioneiro da necessidade, não tem mais condições de compreender que o útil pode se tornar "um peso inútil, esmagador" e que "se não se compreende a utilidade do inútil, a inutilidade do útil, não se compreende a arte". Assim, o homem que não compreende a arte torna-se escravo e autômato, um ser que sofre, incapaz de rir e de se alegrar. E, ao mesmo tempo, pode ser presa fácil de um "fanatismo delirante" (basta pensar nos fanatismos religiosos das últimas décadas) ou de "uma violenta paixão coletiva qualquer" (ORDINE, 2016, pp. 96-97).

Esse processo acaba por negar a dignidade universal de todo indivíduo, enquanto ser humano, e alimenta continuamente o crescimento do vírus mais radical e difícil de vencer, afirma o Papa Francisco (FT, 105), e poder-se-ia afirmar o mais letal, exagerando um pouco. "O individualismo não nos torna mais livres, mais iguais, mais irmãos. A mera soma dos interesses individuais não é capaz de gerar um mundo melhor para toda a humanidade. Nem pode preservar-nos dos tantos males que se tornam cada vez mais globais" (FT, 105).

3. A solidariedade e os direitos sem fronteiras

Este terceiro subtítulo trata de aspectos muito importantes para o projeto de fraternidade universal. Sabe-se, no entanto, serem esses pontos muito discutidos e difíceis de ser tomados a sério e efetivados, justamente, por versarem sobre questões complexas, tais como o respeito aos direitos fundamentais de cada ser humano, independentemente de quem seja e de onde habite, pondo novamente em discussão, inclusive, a função social da propriedade, a educação para valores morais, em especial, a solidariedade e os direitos dos povos.

Em se tratando de um projeto que privilegia e pretende caminhar rumo à fraternidade universal e à amizade social, o princípio elementar a regar e sustentar tal empreendimento é o direito de cada pessoa viver e ser respeitada em sua dignidade e ser-lhe dadas condições para o seu desenvolvimento integral (FT, 107). Todos os países precisariam desenvolver políticas educacionais e públicas na direção do respeito e salvaguarda da dignidade como princípio inadiável, inafiançável e absoluto. Sem ter esse princípio elementar respeitado por todas as nações, não será fácil e tampouco possível estabelecer conversas e negociações, tanto em nível *ad intra* quanto *ad extra*, porque falta-lhes a noção básica de diálogo. Outro ponto fundamental para desenvolver, com clareza e eficácia, o diálogo e o projeto rumo à fraternidade universal e à amizade social, a saber, o foco em direção ao qual o princípio precisará ir tomando forma, ou seja, o olhar e a educação para o bem comum, superando a concepção individualista, tão predominante em nossa época hodierna, é por meio da educação, criando hábitos virtuosos de respeito à liberdade, à igualdade de todos, formando, por conseguinte, vínculos de fraternidade. "Uma sociedade humana e fraterna é capaz de preocupar-se em garantir, de modo eficiente e estável, que todos sejam acompanhados no percurso de sua vida, não apenas para assegurar as suas necessidades básicas, mas para que possam dar o melhor de si mesmos [...]" (FT, 110). Aqui, segundo o Papa Francisco, o determinante e o mais importante não é se a pessoa nasceu em um berço mais abastado ou não, mais urbano ou rural, se ela trará bons ou ótimos resultados para a economia do mercado no futuro. Porém, cada nação precisa atender e cuidar para que todos os seus tenham condições de serem respeitados com dignidade de pessoas, pois, de modo geral, todo indivíduo, com seus direitos inalienáveis, não apenas legitimados, mas também reconhecidos, tem condições de criar vínculos e de sentir-se interpelado a criar vínculos no encontro com os outros (FT, 111). Afirma-se, pois, que: "Não podemos deixar de afirmar que o desejo e a busca do bem dos outros e da humanidade inteira implicam também procurar também um desenvolvimento das pessoas e das sociedades nos distintos valores morais que concorrem para um amadurecimento integral" (FT, 112).

Os gregos tinham como uma das características mais importantes no processo de formação humana a educação para o bem, mas, para tanto, precisava-se educar para o grande desafio da deliberação e da escolha. Por isso, para eles, um dos grandes desafios, senão o maior, mesmo em sua época áurea, era educar para a escolha. E isso é ainda mais compreensível ao se ter em consideração que uma das perguntas mais importantes nesse período centrava-se na questão da felicidade, isto é, da vida boa, evidentemente, não focando-se, à semelhança do tempo atual, no aspecto subjetivo do acumular e do usufruir, mas, sim, naquilo que realizaria a pessoa em sua natureza enquanto pessoa. A busca do bem mais elevado, por meio de uma vida virtuosa, é um projeto para cada pessoa, não vivendo só, mas na comunidade, para os gregos, conhecida como *polis*. Aristóteles, em sua obra *Ética Nicomaqueia*, desenvolve uma reflexão maravilhosa a respeito desse percurso itinerante a ser feito pela pessoa, cuja efetivação dar-se-ia na *polis*. Por sua vez, no Novo Testamento, lembra o Papa Francisco, que o bem é, em última análise, fruto do Espírito Santo (Gl 5,22). E isso indica não apenas o caminho para a pessoa em si, mas, objetivamente, a busca do bem para alcançar o melhor para os outros também. Em grego, segundo o Papa Francisco, o termo designado é *agathosyne*, e, em latim, há um vocábulo muito semelhante, a saber, *bene-volentia*, que ele define como querer o bem do outro (FT, 112). Afirma o pontífice: "É um forte desejo do bem, uma inclinação para tudo o que seja bom e exímio, que impele a encher a vida dos outros com coisas belas, sublimes, edificantes" (FT, 112).

Já Aristóteles, na *Ética nicomaqueia* (EN), afirmava não ser a virtude natural. A virtude é uma disposição de alma (EN, II, 5, 1106a). A virtude é aprendida e, por conseguinte, ensinada, ou, então, transmitida. A virtuosidade também não é um processo automático e tampouco espontâneo. Ser virtuoso implica um longo caminho de introjeção de hábitos saudáveis e bons. Importa dizer, aqui, que esses hábitos precisam ser praticados, de modo a tornarem-se tão sobressalentes na ação do ser humano que acabariam por se tornar virtudes. A virtude, segundo a concepção aristotélica, seria uma disposição de caráter na prática do bem (EN, II, 5, 1106a). O homem virtuoso está presente como um indivíduo harmonioso que não se deixa levar pelas paixões, porque age segundo a razão. Mantém sempre um equilíbrio entre os extremos (EN, II, 6, 1106b). É homem cultivado e completo em todos os sentidos.

Nesse sentido, para o Papa Francisco, é urgente voltar à tona a discussão da relevância fundamental da transmissão dos valores às gerações mais novas e vindouras. Não se pode permanecer na ingênua concepção de que os valores, espontânea ou automaticamente, passam de geração para geração. Isso não acontece, sobretudo, em uma época como a nossa, em que mais salientes estão os vícios, uma vez ser mais frequente a transmissão de estilos de vida baseados no egoísmo, na corrupção e na indiferença. Parece uma "erva daninha" a transmissão dos vícios. Eles se proliferam com muita facilidade e rapidez. Infelizmente, o insulto, o medo, o preconceito, a polêmica racista se propagam com muita rapidez e facilidade (DA EMPOLI, 2020, p. 88). A intensidade da narrativa, nas redes sociais, é muito mais importante que a observância dos fatos. Segundo Da Empoli: "[...] a nova propaganda se alimenta sobretudo de emoções negativas, pois são essas que garantem a maior participação, daí o sucesso das *fake news* e das teorias da conspiração" (ibid., p. 21: grifos do autor). Isso não implica afirmar que o ser humano é mais dado à maldade ou aos vícios, mas, sim, que o caminho e a efetivação de um projeto de fraternidade não virão em um piscar de olhos ou espontaneamente. Muito trabalho e empenho serão necessários da parte de todos (FT, 113). De acordo com Innerarity, é preciso ter ciência de que a globalização trouxe intrínseca a globalização do sofrimento também, justamente porque, primeiro, vê-se aumentar o que se pode chamar de desintegração social e fraqueza institucional, segundo, um mundo interdependente significa que é contagioso e está desprotegido, e terceiro, a desigualdade assumiu magnitude global (INNERARITY, 2021, pp. 65-68). Logo "Se queremos governar essa globalização do sofrimento, não temos escolha, a não ser levar a cabo uma política social de globalização que envolva regulação, solidariedade e cooperação; ou seja, introduza na agenda global as grandes questões sociais internacionais" (ibid., p. 68).

Trata-se, pois, de um compromisso a ser assumido em todas as esferas e níveis da vida, especialmente, pela educação, tanto em nível familiar quanto escolar e acadêmico, e, também, sociocultural. E não é uma simples tarefa. É muito mais que uma tarefa determinada. É uma missão intercontinental permanente, poder-se-ia afirmar. E nessa missão é urgente educar para o bem moral, o bem comum. É preciso oferecer pílulas eficientes de combate aos diversos vírus, especialmente, os mais proliferados, neste ambiente do século XXI, a saber, o "vírus do individualismo", o "vírus do narcisismo", o "vírus da indiferença" e o "vírus do consumismo". O papa destaca uma virtude bem importante, a solidariedade, pois trata-se de uma virtude moral e de um comportamento social com vistas ao bem comum, superando o fechamento e o isolamento em um mundo egoísta e fechado (FT, 114). É uma luta por superar a indiferença e a vaidade, tão impregnada e difundida, direta ou indiretamente, neste contexto contemporâneo. "A vaidade é uma experiência que dilata a imagem do ser humano, embaça seu próprio olhar e, de certa forma, torna o sujeito escravo do olhar do outro. Assim, tanto produz prazer como arrasta, por contrabando, para experiências de autodestruição de si e do outro" (PEREIRA, 2021, p. 69). Percebe-se, pois, a urgência de superação desses aspectos de separação, de isolamento e de indiferença, bem como dessa perspectiva da vaidade e das aparências. "A solidariedade manifesta-se concretamente no serviço, que pode assumir formas muito variadas de cuidar dos outros. O serviço é, 'em grande parte, cuidar da fragilidade. Servir significa cuidar dos frágeis das nossas famílias, da nossa sociedade, do nosso povo'" (FT, 115).

O conceito de solidariedade, diante do *déficit do ethos social*, do mundo atual, traz a proposta de uma solidariedade afetiva, que, associada aos temas da empatia e amor ao próximo, apresenta-se como fundamento das relações intersubjetivas e de renovação da crise dos valores éticos na atual sociedade (ERTHAL, 2021, p. 483). E, enquanto fundamento ético, a solidariedade deve basear-se na empatia, no amor pelo outro, sendo que o amor constitui um motivo ético fundamental. O amor, em sentido verdadeiro, é um dos focos essenciais de toda uma vida a ser construída e vivida em comunhão com outros que também estarão construindo sua vida (ibid., p. 484). Nesse sentido, solidariedade não é mero sentimento de piedade e compaixão. Ela é uma virtude que leva a uma ação concreta e necessária em busca do bem do próximo e de amor ao próximo (ibid., p. 485). "A solidariedade pode, nos tempos atuais, ser, além de fundamento ético de renovação, também um princípio de revolução que direcione a humanidade em um caminho de amorização, de uma participação ética dos sujeitos na reestruturação da sociedade" (ibid., p. 485).

A solidariedade é o gesto de compreender o outro como outro e não como objeto de sensibilidade ou de compaixão. Significa manter esse outro como sujeito na relação, esteja ele próximo ou distante, e não apenas como relação de sujeito e de objeto, mas de sujeitos com igual dignidade (DEMO, 2002, p. 259). Do que se precisa, portanto, é sair das "redomas do individualismo e indiferença" e aprender a conviver com os outros, saindo dos "círculos de compreensão narcisistas e consumistas" para a consciência dos problemas que afligem grande parte das pessoas em nosso tempo. "É pensar e agir em termos de comunidade, de prioridade da vida de todos sobre a apropriação dos bens por parte de alguns. É também lutar contra as causas estruturais da pobreza, a desigualdade, a falta de trabalho, a terra e a casa, a negação dos direitos sociais e laborais" (FT, 116). A solidariedade, entendida como virtude pessoal e comportamento social de cuidado e atenção ao próximo que clama por dignidade e vida, é uma forma de efetivar a história. As relações contínuas e progressivas de desenvolvimento da consciência de empatia e de amor ao próximo permitem as pessoas transcenderem seus desejos e interesses exclusivamente individuais e de grupos para abrirem-se a projetos comuns para combater a concentração das riquezas e superar a pobreza e as desigualdades vergonhosas. E, segundo o Papa Francisco: "Isso é maravilhosamente humano! Requer-se esse mesmo comportamento para reconhecer os direitos de todo ser humano, incluindo os nascidos fora de nossas fronteiras" (FT, 117).

É urgente a consciência da solidariedade. A responsabilidade é de todos. Ninguém está excluso do projeto do cuidado da Casa Comum. Esta é de todos, e não de apenas alguns concentradores de riqueza e poder. Precisa-se crescer na compreensão e no compromisso solidário de cuidado com a sobrevivência da Casa Comum. "O mundo existe para todos, porque todos nós, seres humanos, nascemos nesta terra com a mesma dignidade" (FT, 118). As diferenças não podem afastar e opor entre si as pessoas, antes, pelo contrário, as diferenças constituem-se na beleza e na possibilidade de complementação da criação. Por isso, enquanto comunidade humana, em suas diferentes nacionalidades, é preciso unir o foco dos projetos na perspectiva de dar condições para que cada pessoa possa ser respeitada e tenha oportunidades condizentes para o seu desenvolvimento integral enquanto ser humano (FT, 118). E, justamente, nessa perspectiva, o Papa Francisco, ao retomar dizeres dos Santos Padres, recorre à Carta encíclica *Centesimus Annus*, do Papa São

João Paulo II, ou seja, à Tradição da Igreja, para defender a ideia de que a terra foi dada a todo gênero humano, sem exclusão de ninguém (CA, 31). Já na *Laudato Si'*, o Papa Francisco recorre ao princípio do uso comum dos bens, isto é, da função social dos bens, especialmente, da propriedade privada (LS, 93). Segundo o Papa São João Paulo II, o princípio do uso comum dos bens é o princípio de toda ordem ético-social (LE, 19). Trata-se de um direito natural e prioritário de toda ordem (LE, 9). "O direito à propriedade privada subordina-se ao princípio da destinação universal dos bens e não deve constituir motivo de impedimento ao trabalho e ao crescimento de outrem" (CDSI, 282). Todos os outros direitos sobre os demais bens, para a realização integral das pessoas, não devem impedir, mas facilitar a realização do ser humano enquanto tal (PP, 22).

Nessa perspectiva, de acordo com Francisco, a propriedade privada não pode ser considerada um direito absoluto primário, mas tão somente um direito natural secundário derivado do próprio princípio universal dos bens criados. Não se pode aceitar que os direitos secundários se sobreponham aos direitos prioritários e primordiais (FT, 120). Não se pode aceitar o acúmulo cada vez mais acentuado de capital e de riquezas nas mãos concentradoras e egoístas de alguns e deixar que a grande maioria viva dependente de ações e benefícios fortuitos, provindos da concentração avassaladora do capital e da riqueza, e sendo considerados atos bondosos e compassivos, o que é uma vergonha ética inconcebível. As iniciativas e as criatividades privadas de empresários são sempre uma fonte de bênçãos, desde que tomadas com a finalidade do bem comum, e não objetivando apenas os ganhos privados, beneficiando sempre mais a concentração e o enriquecimento de alguns (FT, 123). Logo, ainda que, para o delírio de alguns beneficiários e espertalhões, se constate, sobretudo, com e após a pandemia do coronavírus, a concentração ainda mais acentuada de riquezas, mesmo assim, o papa insiste e corajosamente sublinha a relevância da criação de oportunidades de trabalho para todos. "O direito de propriedade privada é sempre acompanhado do princípio mais importante e antecedente de subordinação de toda propriedade privada ao destino universal dos bens da terra e, consequentemente, o direito de todos ao seu uso (LS, 93; EG, 189-190)" (FT, 123).

De acordo com a *Fratelli Tutti*, o projeto de fraternidade e amizade social exige uma compreensão de ações que envolvem não apenas as relações internas em uma nação, mas também as relações internacionais entre as nações. Partindo do princípio fundamental da destinação comum dos bens e de que os bens de um território não podem ser negados a alguém necessitado, porque este alguém é filho amado de Deus, e, com dignidade inviolável, e, por conseguinte, meu irmão, então, faz-se necessário repensar o intercâmbio entre países. "Se toda pessoa possui uma dignidade inalienável, se todo ser humano é meu irmão ou minha irmã e se, na realidade, o mundo pertence a todos, não importa se alguém nasceu aqui ou vive fora dos limites de seu próprio país" (FT, 125). A proposição que o Papa Francisco expõe, nos últimos números do capítulo terceiro, não é de simples realização e não provirá como dádiva de Deus, prontinha. Será necessária uma longa, profunda e corajosa discussão nas diversas instâncias e níveis.

O que parece não se aquietar no pensar e no agir do Papa Francisco é ser indiferente diante de tantos sofrimentos de irmãos, diante de tantas misérias, diante de tanta concentração de riquezas em detrimento de vidas humanas inocentes. Não se pode perder e deixar roubar a esperança de ver realizar-se uma humanidade mais fraterna. Não se quer mais do que garantir a todas as pessoas, em todos os países, terra, trabalho e teto (FT, 127). Sem dúvida, é uma outra maneira de pensar o mundo. Trata-se, no fim das contas, de uma lógica de inclusão e não de exclusão, de compreender o outro como irmão e não como inimigo. Então, para Francisco: "Se não se fizer esforço para entrar nessa lógica, as minhas palavras parecerão um devaneio. Mas, se se aceita o grande princípio dos direitos que brotam do simples fato de possuir a inalienável dignidade humana, é possível aceitar o desafio de sonhar e pensar em uma humanidade diferente" (FT, 127).

4. Um coração aberto ao mundo inteiro

O quarto capítulo da Carta encíclica procura trabalhar a tese de questionamento dos limites das fronteiras, sejam elas quais forem. Contém os parágrafos 128 a 153. O capítulo trata de pontos bem próximos aos temas do capítulo terceiro. Neste, busca-se dar mais elementos para a efetivação de um projeto de coração aberto ao mundo inteiro, sem desprezo a nenhuma cultura e povo. O objetivo do capítulo é o de ultrapassar os limites da abstração da expressão: "Somos todos irmãos e irmãs". Não é mais possível fazer de conta e imaginar que o mundo seja para todos, mas que, de fato, ele o é só para alguns mais abastados e espertos. É preciso ver mais exatamente os pontos mais clarividentes a ser paulatinamente implementados, visando a um mundo para todos. Os itens sublinhados pelo Papa Francisco neste capítulo são muito densos e exigentes, a saber: *o limite das fronteiras* (FT, 129-132), *os dons recíprocos* (FT, 133-136), *o intercâmbio fecundo* (FT, 137-138), *gratuidade que acolhe* (FT, 139-141), *local e universal* (FT, 142), *o sabor local* (FT, 143-145), *o horizonte universal* (FT, 146-150), *a partir da própria região* (FT, 151-153). Observando e tomando em conta os sete importantes itens do capítulo, pensa-se ser possível resumir os itens em dois pontos importantes: (1) mobilidade humana e hospitalidade, (2) pensar globalizado e o agir localizado.

Antes, porém, de entrar na análise dos dois itens supracitados deste capítulo, salienta-se ser indispensável lembrar três premissas importantes na organização da vida dos povos em nível mundial, em cada uma das nações. Elencam-se três, mas, provavelmente, há, ainda, outras condições importantes.

Primeiramente, embora cada qual tenha nascido em um lugar, é preciso recordar ser direito de todos irem e virem livremente, o que, em última análise, significa afirmar ser relevante o direito de ser e estar onde as circunstâncias os dispuseram a estar, porque a terra é dom de Deus, e, sendo assim, é de todos os seus filhos e filhas amados, e, por conseguinte, somos todos irmãos. Em segundo lugar, lembrar que não é proibido pensar-se em um outro ambiente de vida e trabalho, por conta de diferentes situações existenciais. É preciso ter a liberdade de mobilidade humana, tanto internamente no país, como também externamente, para outros países. Em terceiro lugar, não se pode esperar que as pessoas decidam onde querem estar e viver, para definir e implementar condições e políticas reais de uma vida boa para os cidadãos. Faz-se necessário criar condições e estruturas para que as pessoas encontrem "terreno fértil" para a realização do seu projeto de vida integral (FT, 129). "Mas, enquanto não houver sérios progressos nessa linha, é nosso dever respeitar o direito que tem todo ser humano de encontrar um lugar em que possa não apenas satisfazer as necessidades básicas dele e da sua família, mas também realizar-se plenamente como pessoa" (FT, 129). Segundo o Papa Francisco, *acolher, proteger, promover* e *integrar* resumem muito bem a atitude e os esforços em todas as nossas cidades e países. Esse mote de acolhimento, proteção, promoção e integração do fluxo migratório precisaria estar na pauta e na agenda das conversas e negociações entre as cidades e países, com percentual de fluxo migratório e mobilidade humana.

1. A mobilidade humana e a hospitalidade

Sabe-se que a situação do mundo todo é de mobilidade humana. Essa não é uma situação peculiar exclusivamente do nosso tempo. A migração é um problema que envolve toda a história da humanidade, sendo ora marcada por algumas questões mais específicas, ora marcada por outras, e, também, porque o ser humano, enquanto tal, é um ser itinerante. O que se tem tornado mais clarividente é que o processo e o fluxo migratório ficam mais ou menos intensos, mais ou menos espontâneos, de acordo com a situação e o ambiente interno dos países, bem como das condições conjunturais e estruturais particulares da época. No caso específico do século XXI, entre outros pontos relevantes, destacam-se, sobremaneira, dois, a saber, o avanço da concepção econômica e a política do neoliberalismo, com sua lógica de inclusão e exclusão, a qual, direta ou indiretamente, afeta todos os ambientes e espaços de ação. A migração reflete sobre movimentos, deslocamentos temporários ou permanentes de chegadas e de partidas. Trata-se de um possível novo paradigma nas relações entre pessoas, grupos e comunidades, tanto em nível nacional como internacional.

Houve uma aceleração dos problemas decorrentes das diversas crises humanitárias, ligeiramente crescentes nos últimos dois séculos, especialmente, com o desenvolvimento sofisticado do capitalismo neoliberal, e, mais recentemente, com a pandemia do coronavírus. Dito de outro modo, guerras, perseguição política, agravamento das condições socioeconômicas, tragédias, pandemias, crimes ambientais, expulsão de comunidades inteiras de seus territórios tradicionais, são alguns dos muitos motivos que fazem milhões de pessoas migrarem de seus lugares de origem em busca de segurança, oportunidades de trabalho, melhores condições de vida e perspectivas de futuro para si e para as novas gerações (ZWETSCH; SALDANHA, 2021, p. 37). Porém, o problema que o mundo inteiro enfrenta na atualidade não está apenas concentrado naqueles a quem não é dada outra alternativa a não ser a de se deslocar, para fugir de mazelas como guerras, perseguições, fome e doenças, mas, sim, no tratamento e nas atuações, deteriorados em tempos de pandemia, que governos de vários países têm dado à questão do deslocamento, impondo à maioria desses migrantes condições dramáticas, desfavoráveis ao seu acolhimento e proteção ou, em muitos casos, impedindo mesmo o seu ingresso, de modo a impossibilitar o cuidado com a sua vida. Há inúmeras situações desumanas a serem relatadas em condições dramáticas. "A exponencial migração internacional dos nossos dias é produto do desenvolvimento desigual do capitalismo global do século 21. Quem mais sofre seus efeitos são as populações empobrecidas e mais vulneráveis que migram para sobreviver" (ibid., p. 40).

O problema das migrações, como afirma o Papa Francisco, não se apresenta tão somente aos que chegam a um novo país, a um novo contexto sociocultural. Não se trata apenas da acolhida, mas diz respeito também, em última instância, à integração e ao reconhecimento dos direitos, sejam eles civis ou religiosos, isto é, direito à cidadania. Percebe-se, com relação ao fenômeno das migrações, uma onda de intolerância social, política e religiosa, decorrente das transformações do sistema do capitalismo neoliberal perverso, que tem gerado cada vez mais desigualdade social e econômica (ibid., p. 37). E, infelizmente, por uma lado, se já é difícil e, muitas vezes, traumático deixar, de repente, seu ambiente de relações e de vida, não restando, contudo, outra opção senão "sair", porque já não se tem outra alternativa e esperança, o que torna tudo ainda mais dramático é a condição migratória de ter que deixar tudo sem ter certeza e sem saber quais situações serão encontradas nas cidades e países de destino, isso quando é possível a escolha de rota e destino. Somado a isso, por outro lado, mesmo que essas pessoas se mobilizem e migrem para outros destinos com a finalidade de não morrer, de melhorar as condições de vida para si mesmas e para as futuras gerações, elas estão conscientes, no entanto, de que não encontrarão situação fácil e acolhedora nos novos destinos de chegada. Elas se veem confrontadas e se deparam com circunstâncias e condições complexas e conflitantes, tais como: "[...] insegurança crescente; dificuldades para encontrar trabalho nos países de acolhimento; problemas de saúde; falta de acesso à educação formal; conflitos psicológicos, culturais e espirituais; além da rejeição e xenofobia nos lugares de refúgio" (ibid., p. 37). Ciente desse ambiente difícil, indiferente e desumano, o Papa Francisco, na *Fratelli Tutti*, retoma sua mensagem, proferida por ocasião do 104º Dia Mundial do Migrante e Refugiado, no dia 14 de janeiro de 2018, e reafirma sua preocupação e posicionamento:

> Isso implica algumas respostas indispensáveis, sobretudo em benefício daqueles que fogem de graves crises humanitárias. Por exemplo, incrementar e simplificar a concessão de vistos, adotar programas de patrocínio privado e comunitário, abrir corredores humanitários para os refugiados mais vulneráveis, oferecer um alojamento adequado e decente, garantir a segurança pessoal e o acesso aos serviços essenciais, assegurar uma adequada assistência consular, o direito de manter sempre consigo os documentos pessoais de identidade, um acesso imparcial à justiça, a possibilidade de abrir contas bancárias e a garantia do necessário para a subsistência vital, dar-lhes liberdade de movimento e a possibilidade de trabalhar, proteger os menores e assegurar-lhes o acesso regular à educação, prever programas de custódia temporária ou acolhimento, garantir a liberdade religiosa, promover sua inserção social, favorecer a reunificação familiar e preparar as comunidades locais para os processos de integração (FT, 130).

Nessa linha de ação, ou seja, na busca de tomada de consciência e enfrentamento do grave problema das políticas para o fluxo migratório, o Papa Francisco, em uma atitude de desprendimento e ávido por encontrar caminhos de acolhimento, proteção, promoção e integração dos migrantes, em 4 de fevereiro de 2019, foi ao encontro do grande imã Ahmad Al-Tayyeb, em Abu Dhabi, e, nesse encontro histórico, ambos assinaram o *Documento sobre a fraternidade humana, em prol da paz mundial e da convivência comum.* Remontando ao referido Documento, na *Fratelli Tutti*, o papa ressalta com firmeza o conceito de cidadania, baseado na igualdade de direitos e dos deveres, sob cuja sombra todos gozam da justiça (FT, 131), lembrando, segundo o *Documento sobre a fraternidade humana*, que "a justiça baseada na misericórdia é o caminho a percorrer para se alcançar uma vida digna, a que tem direito todo ser humano" (DFH). O que mais impressiona positivamente e revela-se muito profícuo, tanto no *Documento sobre a fraternidade humana* como na *Fratelli Tutti*, é que o papa busca incansavelmente ser uma pessoa de diálogo e de comunhão. Ele sabe que o caminho de fraternidade universal não é de fácil solução e resolução. Tem discernimento acerca do longo caminho a percorrer, mas também ciência de ter que dar passos, ainda que pequenos, mas decisivos, e estes não podem ser isolados e separados de um projeto comum, porque uma ação em determinada localidade repercute no outro lado do mundo. No que se refere, especificamente, à ação de cada país, como se mostrou mais acima na referência direta à *Fratelli Tutti* (FT, 130), sabe-se da importância e da exigência em cada país, no entanto, é preciso ter consciência de que as soluções mais abrangentes exigem trabalho meticuloso de toda uma articulação internacional. São projetos a serem pensados, discutidos e efetivados nos diferentes níveis de espaço e tempo, respectivamente, nos países de proveniência e de chegada dos migrantes, em planos de ação de curto, médio e longo prazos (FT, 132). Aqui não se afirma serem insignificantes ou mesmo proibidas as ações esporádicas e emergenciais que alguns países possam ou devem assumir, porém, tem-se clareza de que o fenômeno migratório é complexo e exige trabalho em conjunto e orquestrado em todas as suas dimensões e níveis.

> A realidade das migrações, com as dimensões que assume na nossa época de globalização, precisa ser tratada e administrada de uma forma nova, justa e eficaz, o que exige, acima de tudo, uma cooperação internacional e um espírito de profunda solidariedade e compaixão. É importante a colaboração em vários níveis, com a adoção unânime de instrumentos de regulamentação para proteger e promover a pessoa humana (PAPA FRANCISCO, 2017, p. 100).

Tem-se consciência de que o projeto de fraternidade universal não se dará sem o envolvimento de pessoas de boa vontade por parte de todos os países e nações. Não se pode mais aceitar a indiferença e fazer de conta que tudo está bem, enquanto as dificuldades e os sofrimentos não baterem à porta de nossa casa, seja enquanto família, grupo, nação. Faz-se urgente assumir, convicta e corajosamente, o caminho de diálogo e de encontro com o outro que se apresenta. Nenhuma pessoa, nenhum grupo, nenhuma etnia, nenhuma cultura, são tão completos e repletos de dons, a ponto de não precisarem da complementação de outrem ou de dons que não lhe sejam próprios. Acolher quem chega de outra localidade é sinal de abertura e crescimento. É preciso superar a tentação de homogeneização e uniformização cultural. "Entretanto, quando se acolhe com todo o coração a pessoa diferente, permite-se a ela continuar a ser ela mesma, ao mesmo tempo que se lhe dá a possibilidade de um novo desenvolvimento" (FT, 134). Todas as culturas têm aspectos que lhe são específicos e próprios, tornando-se pontos de crescimento e aproximação com outras culturas. O diferente não afasta, antes, é atração, possibilidade de convergência para o encontro e o acolhimento. "As várias culturas, cuja riqueza se foi criando ao longo dos séculos, devem ser salvaguardadas para que o mundo não fique mais pobre. Isso, porém, sem deixar de as estimular para que permitam surgir de si mesmas algo de novo no encontro com outras realidades" (FT, 134).

Na *Fratelli Tutti*, o Papa Francisco recorre com certa frequência ao *Documento da fraternidade humana*. Ele faz menção ao encontro com o imã Ahmad Al-Tayyeb, com a finalidade de reverenciar a riqueza de dons na comunhão entre Ocidente e Oriente. Cada um desses mundos, o ocidental e o oriental, têm, em suas tradições, condições e pontos a serem complementados e enriquecidos respectivamente. O Ocidente, diante do seu materialismo, poderia encontrar no Oriente remédios para suas crises e doenças espirituais e religiosas, o Oriente, por sua vez, poderia encontrar, no Ocidente, elementos muito relevantes para ajudar a salvar-se da fragilidade, da divisão, do conflito e do seu declínio científico, técnico e cultural (FT, 136). São muitos os fatores de crescimento, de complementação e de muito respeito e reverência entre esses dois grandes universos, Ocidente e Oriente, constituídos por diferentes culturas, religiões e tradições. Faz-se, portanto, necessário unir os esforços e convergir o foco, a fim de consolidar o respeito e o reconhecimento dos direitos humanos gerais e comuns, buscando garantir uma vida digna para todos os seres humanos, seja de onde quer que venham, seja onde quer que estejam, seja para onde quer que se dirijam (FT, 136). Nessa perspectiva, é preciso ter em mente ou como pano de fundo a tese já bem

Fraternidade e amizade social 81

conhecida, mas, muitas vezes, esquecida, a saber: o ser humano é um ser itinerante, é um ser peregrino. Afirma-se, pois:

> Somos todos estrangeiros nesta terra. Qualquer condição social, cultural, histórica, é apenas *condição*, artifício. Nenhuma representação suplanta a nossa estrangeiridade. Caminhamos sobre a terra, sempre em mapas imaginários. Não caminhamos sobre mapas, a nossa condição mais genuína não compreende fronteiras. É preciso crescer em uma sociedade, em uma cultura, em uma nação para saber o que são as *fronteiras*. A língua não é uma fronteira, ela é ponte, sempre alguém à espera do outro lado. Caminhamos sobre a terra, sempre desfazendo territórios e constituindo novos. Porque caminhamos, não criamos raízes, não somos árvores, somos animais migratórios, em permanente estado de movimento, em permanente devir, e caminhando, construindo caminhos, muito mais do que encontrando feitos. Porque caminhamos, estamos sempre *chegando de novo*, como o estrangeiro que bate à porta. Estamos a caminho do encontro (FARIAS, 2014, pp. 124-125: grifos do autor).

Longe de pensar que a lógica da unificação homogeneizada, como preconiza a economia de mercado globalizada, levaria a um progresso inimaginável outrora, e, talvez, mais humano e desenvolvido, integralmente, as diferenças culturais e o intercâmbio, segundo o Papa Francisco, é que tornam fecundo e esperançoso o caminho para o desenvolvimento humano completo. Logo, de acordo com estudos e pesquisas recentes, sobrevindos, especialmente, após a detecção da crise ecológica, descobriu-se que o estilo ético mais eficaz e assertivo para a cura e a salvação da terra não é outro senão se conscientizar, aprender e assumir o caminho do bem viver, mais que o do bem-estar. Em tempos tão sombrios como os da atualidade, sem dúvida, o caminho oposto do progresso sem limites tem sua oposição como resposta muito mais sustentável e viável, a saber, o decrescimento, ou seja, da renúncia ao consumo insaciável e sem limites ao uso consciente e recomendável, do viver para consumir ao consumir para viver, do domínio sobre tudo à administração responsável, da lógica do lucro sem medidas à gratuidade que acolhe. "Quem não vive a gratuidade fraterna transforma a sua existência em um comércio cheio de ansiedade: está sempre medindo aquilo que dá e o que recebe em troca" (FT, 140). Deve-se aprender de Deus, que dá sem esperar algo em troca. Deus "[...] faz nascer o seu sol sobre maus e bons" (Mt 5,45). É urgente aprender a viver muito mais gratuita e generosamente, reconhecendo, apesar das dificuldades, sofrimentos e limitações, a beleza da obra criadora de Deus. Somente assim será possível superar tanto os fechamentos esquizofrênicos como os fundamentalismos ignorantes, as xenofobias absurdas e os maniqueísmos culturais, tais como os de que os pobres seriam os "desgraçados" e os ricos, por sua vez, os "abençoados". A cultura do século XXI precisa assumir irresistivelmente o valor do acolhimento gratuito (FT, 141). "A verdadeira qualidade dos diferentes países do mundo mede-se por essa capacidade de pensar não só como país, mas também como família humana; e isso se comprova sobretudo nos períodos críticos" (FT, 141). O caminho, portanto, não pode ser outro senão o de acolhimento, proteção, promoção e integração (FT, 129).

2. O pensar globalizado e o agir localizado

"Pensar globalizado e agir localizado" pode parecer um jargão impactante e dar a impressão de ser muito genérico. De fato, ele é impactante, porque ouvimos há muito tempo muitas ponderações a respeito de ter a cabeça voltada para o mundo em sua totalidade e os pés fincados no chão, para não haver o risco ou de abstração absoluta ou de materialismo exacerbado. Por isso, não obstante possa parecer uma generalização esse jargão que já se tem tornado bastante popular e sido muito mencionado, por sua vez, ele revela uma dialética intrínseca ao crescimento e desenvolvimento salutar de uma cultura. Sobre esse ponto, especificamente, guardando as respectivas distâncias, muitos foram os autores que trabalharam essa sadia tensão entre o local e o universal, entre o fechamento e a abertura, entre o real e o ideal, entre a parte e o todo e assim por diante.

Para auxiliar a pensar nessa sadia tensão entre o universal e o local, pode-se, dentre tantas imagens, tomar em consideração, sobretudo, a reflexão já bastante conhecida e discutida entre moral e ética. Na filosofia prática, no âmbito do agir, independentemente de como é lida ou interpretada, pois não há uma leitura unívoca, tem-se a questão dialética entre moral e ética. *Grosso modo*, pode-se afirmar ser a ética a disciplina filosófica que se ocupa da complexa dimensão da vida humana, que é a moralidade (CORTINA; MARTINEZ, 2005). Moral e ética são conceitos, respectivamente, provenientes do latim e do grego, e significam, basicamente, hábito, costumes, tradição. Não há uma distinção radicalmente tão distante a ponto de desconsiderar a proximidade e a vizinhança desses dois conceitos. Inicialmente, pode-se dizer que não havia distinção entre os conceitos, pois ambos, em sua respectiva língua de origem, têm a centralidade de entender e explicar o fenômeno do agir humano. No entanto, de modo geral, no decorrer dos anos, especialmente, com a concepção da idade moderna, atribui-se uma distinção entre eles. À moral se tem imputado os hábitos, os costumes, a tradição de agir de um grupo ou de um povo, enquanto à ética se tem conferido muito mais a ação reflexiva sobre o agir humano. Ética, enquanto disciplina filosófica, ou, então, filosofia moral, seria a reflexão do fenômeno moral (CORTINA, 2009). Então, se a moral está mais vinculada ao modo de agir, a ética está mais ligada à reflexão do agir moral. E, sendo assim, poder-se-ia afirmar também que, se, por um lado, a reflexão ética é extremamente importante para que a moral não se feche e não se fossilize nela mesma, afinal de contas o agir humano é sempre dinâmico e aberto, por outro lado, a moral se faz presente na ação, torna-se efetividade na ação. Essa alusão simples auxilia certamente a perceber essa apreensão saudável entre abertura e fechamento, entre local e universal. O Papa Francisco, na *Fratelli Tutti*, lembra acertadamente: "Ocorre lembrar que 'entre a globalização e a localização também se gera uma tensão. É preciso prestar atenção à dimensão global para não cair em uma mesquinha cotidianidade. Ao mesmo tempo, convém não perder de vista o que é local, que nos faz caminhar com os pés por terra" (FT, 142).

Sem dúvida, essa tensão é saudável e salutar. Não se buscam tensões e conflitos. Trata-se de lembrar que a diversidade traz, além da beleza, dos complementos, também, algumas possíveis tensões a serem trabalhadas e aparadas. A globalização e a localização podem ser consideradas como que a cara e a coroa da mesma moeda, isto é, um lado e outro da moeda. Formam a mesma moeda, mas são dois pontos de vista, dois lados a serem considerados. Não é possível negar e afirmar absolutamente apenas um dos lados, pois, mesmo se negando um deles, o outro, necessariamente, existe. Logo, o global e o local são pontos de vista, são focos distintos que se complementam, ainda que, ora com mais conciliação, ora com mais apreensão ou conflito. Sabendo e considerando-os presentes no caminho itinerante e fronteiriço, o caminho a ser traçado será muito mais sadio e belo, porque será marcado pela dialética entre o pensar e o olhar global, que liberta da mesquinhez e do fechamento, e o pensar, o olhar e o agir local, que liberta do abstracionismo e desencadeia ações de combate à indiferença e de subsidiariedade. "Portanto, a fraternidade universal e a amizade social dentro de cada sociedade são dois polos inseparáveis e ambos essenciais. Separá-los leva a uma deformação e a uma polarização nociva" (FT, 142).

Ao se falar de cultura torna-se imprescindível um olhar aberto e capaz de superar os determinismos históricos. Sabe-se que a cultura é dinâmica. Pode-se falar de cultura em sentido genérico, ou seja, a dimensão cultural do ser humano enquanto tal, mas é importante frisar que a cultura, com seus traços e características, não é a mesma em todos os tempos e lugares, uma vez serem muitos os traços das identidades culturais, não havendo, portanto, uma única identidade cultural (HALL, 2006). Cultura é cultivo das capacidades humanas e resultado do exercício destas capacidades. "Nós não nascemos como seres culturais, nem como seres naturais autossuficientes, mas como criaturas cuja natureza física indefesa é tal, que a cultura é uma necessidade, se for para que sobrevivamos" (EAGLETON, 2011, p. 142). A cultura é constituída pelos frutos adquiridos pelo ser humano mediante o exercício de suas faculdades, sejam elas espirituais ou orgânicas. É uma produção humana, e como tal torna-se uma realidade intersubjetiva. É obra das mãos e da mente do ser humano, mas não de alguém isoladamente, e sim do esforço coletivo, possuindo a cultura, por conseguinte, característica eminentemente social. Cultura é uma hereditariedade social que o ser humano recebe e transmite. O termo cultura tem a ver diretamente com a cultura da sociedade.

> O termo *cultura* tem associações diferentes segundo tenhamos em mente o desenvolvimento de um *indivíduo*, de um *grupo* ou *classe*, de *toda uma sociedade*. Parte da

minha tese é que a cultura do indivíduo depende da cultura de um grupo ou classe, e que a cultura do grupo ou classe depende da cultura da sociedade a que pertence este grupo ou classe (ELIOT, 2013, p. 33: grifos do autor).

Assim sendo, a cultura é laboriosa, isto é, trabalhosa. Ela exige trabalho, esforço. Ninguém possui a cultura, sem esforço e realização particular de quem adquire os resultados dela. A cultura revela o modo de ser do ser humano, enquanto sensível, dinâmica, múltipla, criativa. É sensível, porque ela se mostra mediante manifestações perceptíveis pelos sentidos. É dinâmica, porque está em contínua evolução ou transformação, e, por assim dizer, segue as vicissitudes da humanidade, tendo em mente que o ser humano ultrapassa continuamente a meta objetivada com sua força criadora. É múltipla, porque é fruto da dinamicidade da capacidade humana, sendo, portanto, multiforme o resultado das múltiplas capacidades humanas. Logo, nenhuma época pode outorgar-se o direito e a pretensão de esgotar as muitas formas de expressão da cultura. É criativa, porque a cultura é resultado e produto humanos. Assim, é sempre capaz de algo novo, e negar a dimensão da criatividade da cultura seria privar o ser humano da sua originalidade, isto é, seria tirar de sua atividade um valor e degradá-lo a uma função puramente instrumental.

O processo de representação cultural não é estático e muito menos inquestionável. Ele está sempre no âmago da própria cultura. Só pela criticidade é possível evitar o aprisionamento da cultura, uma vez que a criticidade é uma das grandes potencialidades do ser humano. A criticidade mora na medula do ser humano. Sem criticidade, o indivíduo perde a respiração racional e embota a inteligência (ARDUINI, 2002, p. 51). "A realidade cultural que não é examinada e nem criticada deteriora-se e se transforma numa carga odiosa; faz-se num fardo de preconceitos e automatismo estéreis" (MORAIS, 1992, p. 41). Logo, a cultura é processo de efetivação sempre aberto e inacabado. A cultura é o resultado do processo pelo qual o existir adquire *status* de concretitude situada, e esse existente efetivado se transforma em patrimônio comum para todos, sempre possível, contudo, de ser questionado, porque: "[...] perceber a cultura como espaço aberto de criação humana significa perceber que essa ordem herdada é produto do ser humano e representa uma entre infinitas organizações possíveis da existência, nenhuma delas pronta e acabada" (CARVALHO, 1998, p. 35). Dito de outro modo, é preciso ajudar o ser humano a se compreender como ser-no-mundo, ou seja, situado numa cultura específica, num determinado momento histórico mutável, temporal, mas aberto à totalidade, que não é senão a capacidade intrínseca ao ser humano de transcender os limites de sua historicidade. Eis a beleza da diversidade das culturas. Trata-se, em última análise, da unidade na diferença, em termos filosóficos.

Feito esse breve aceno ao aspecto do pluralismo cultural, ao Papa Francisco, na *Fratelli Tutti,* retorna-se para lembrar de mais uma tensão importante no que diz respeito à pluralidade cultural. Sabe-se que há diversidade cultural de povos, com história e tradição incríveis e intocáveis. Porém, é difícil traçar uma linha de corte para classificar umas e desclassificar outras. É claro que há possibilidade de se chegar a critérios de comum acordo, para, minimamente, ser possível classificar e ponderar algumas características ou traços balizadores de crédito ou não das identidades culturais, sobremaneira, quando se tem convicção da exigência do respeito à dignidade humana, enquanto inviolável e inalienável, bem como das consequentes condições para o desenvolvimento integral do ser humano enquanto tal.

Faz-se necessário a abertura às diversidades culturais. A abertura e o respeito à alteridade não significam, porém, desrespeito e demérito da identidade. A dialética entre identidade e alteridade cultural exige que haja sempre a valorização de ambas as identidades. Respeitar a alteridade não significa negar a identidade. Significa ter a perspectiva de diálogo, de abertura e de crescimento recíprocos. Trata-se de uma relação de reciprocidade respeitosa e dialogante. Afirma a *Fratelli Tutti*: "A solução não é uma abertura que renuncie ao próprio tesouro. Tal como não há diálogo com o outro sem identidade pessoal, assim também não há abertura entre povos senão a partir do amor à terra, ao povo, aos próprios traços culturais" (FT, 143).

O Papa Francisco, com muita clareza, ao tratar da riqueza inominável do diálogo e do crescimento proporcionado pelo encontro de diferentes identidades culturais, além de frisar ser necessário não negar a própria identidade no encontro com a alteridade, acena para, no mínimo, mais três possíveis perigos, a saber, a homogeneização uniforme, a superficialidade vazia e os narcisismos bairristas. E, para manifestar a beleza das cores e das diversidades culturais, ele traz a imagem do poliedro, formado por diferentes dimensões e diversas faces, não se sabendo qual é o lado, qual é a face mais importante e determinante. Acerca do perigo da uniformidade e padronização desrespeitosa das diferenças, afirma-se: "O universal não deve ser o domínio do homogêneo, uniforme e padronizado de uma única forma cultural imperante, que perderá as cores do poliedro e ficará enfadonha" (FT, 144). Há também o perigo de alguém ou de grupos que, por superficialidade vazia e sem memória, não são capazes de compreender sua pátria, sua história, mantendo guardado um ressentimento mal resolvido com seu povo. Faz-se urgente conhecer a história, ter memória do povo; é preciso não perder as raízes com o lugar, com o que é próximo. Precisa-se trabalhar na conexão dos pés no chão e os olhos para o mundo, como diz o jargão popular. "É o poliedro em que, ao mesmo tempo que cada um é respeitado no seu valor, 'o todo é mais que a parte, sendo também mais do que a simples soma delas' (EG, n. 235)" (FT, 145). Outro trágico desvirtuamento cultural é o narcisismo bairrista. Narcisismo é um desvio de boa conduta, tanto em nível pessoal quanto cultural. "Há narcisismos bairristas que não expressam um amor sadio pelo próprio povo e pela sua cultura. Escondem um espírito fechado que, devido a certa insegurança e medo do outro, prefere criar muralhas defensivas para sua salvaguarda" (FT, 146). No que se refere à dimensão cultural, os narcisismos bairristas não assumem a vida do ambiente local com generosidade e solidariedade, mas também não há abertura sadia aos fatores multiculturais das diversas identidades culturais. Por isso, para que haja uma cultura sadia, a abertura e o acolhimento à diversidade são imprescindíveis e condições *sine qua non* para o não adoecimento cultural.

Assim sendo, para concluir este quarto capítulo, com o Papa Francisco, quer-se sublinhar não haver condição mais favorável para o crescimento do que a presença e a acolhida do outro enquanto outro, isto é, seja na dimensão da relação da identidade, seja na dimensão da relação de alteridade enquanto pessoa e enquanto identidade cultural. O encontro e o possível confronto com o diferente fazem toda a diferença e marcam o crescimento. "Ao olhar para si mesmo do ponto de vista do outro, de quem é diferente, cada um pode reconhecer melhor as peculiaridades da sua própria pessoa e cultura: as suas riquezas, possibilidades e limites" (FT, 147). Nessa perspectiva ele aponta para mais seis acenos importantes a serem tomados em consideração. Primeiro, sublinha a ideia de que uma sã abertura nunca ameaça a identidade, mas é condição importante para que todos se deem conta de que a cultura não é mera cópia ou repetição, mas integradora de novidades (FT, 148). Segundo, o Papa Francisco faz referência à relação sadia que deve existir e permear a relação entre o amor à pátria e uma conexão ou inserção na humanidade inteira, ou seja, embora alguém seja desta ou daquela pátria, é, inexoravelmente, predominante sentir-se pertencente e representante da humanidade enquanto tal. "Assim, cada pessoa nascida em determinado contexto sabe que pertence a uma família maior, sem a qual não é possível ter uma compreensão plena de si mesma" (FT, 149). Terceiro, decorrente do segundo aceno, faz-se urgente ter ciência de que ninguém é uma ilha. Ninguém e nenhum povo pode obter tudo sozinho. Os outros são parte constitutiva da construção de uma vida plena, tanto na dimensão pessoal quanto cultural. "A consciência do limite ou da exiguidade, longe de ser ameaça, torna-se a chave segundo a qual sonhar e elaborar um projeto comum" (FT, 150). Quarto, acena-se para a importância dos intercâmbios regionais. A conexão com os primeiros vizinhos e com os que mais se identificam pode ser uma primeira maneira sólida e eficaz para conseguir uma conexão mais ampla. "A integração cultural, econômica e política com os povos vizinhos deve ser acompanhada por um processo educativo que promova o valor do amor ao próximo, primeiro exercício indispensável para se conseguir uma sadia integração universal" (FT, 151). Quinto, menciona-se a experiência que muitos fazem do espírito de "vizinhança" nos bairros populares, segundo o qual as pessoas se conhecem e sentem-se próximas, solidárias e intercambiam a vida gratuitamente. Oxalá que esse espírito de "vizinhança", acena o Papa Francisco, conseguisse permear o início das relações ao menos entre os países vizinhos e mais próximos, a fim de vencer as visões individualistas e de desconfiança, que acabam por favorecer o medo e o distanciamento (FT, 152). E, por fim, o Papa Francisco frisa a importância de vencer o isolamento e o distanciamento entre os países, porque, quando os países mais pobres e frágeis se organizam em pequenos grupos ou blocos, torna-se mais difícil para os países ou empresas poderosas exigirem dos mesmos sacrifícios, acabando por torná-los dependentes e segmentos marginais das grandes potências (FT, 153). "Hoje, nenhum Estado nacional isolado é capaz de garantir o bem comum da própria população" (FT, 153).

5. A melhor política

O quinto capítulo da *Fratelli Tutti* trata de um tema bastante difícil e "espinhoso" em nossa época, justamente, por ser uma área da ação humana extremamente importante e fundamental: a política. Devido, sobretudo, às linhas delineadoras do projeto neoliberal atual e, também, à volta de regimes autoritários e fechados, essa área, de modo geral, tem sofrido muitas críticas, desprezo e desconsideração de sua iminente relevância na ordem sociocultural. Afora esse aspecto, outros também podem ser referenciados, sobremaneira, quatro outros fatores que se têm acumulado, engrossando, por conseguinte, o somatório à desconsideração e ao desprestígio da política, a saber: (1) no que diz respeito ao projeto neoliberal da economia de mercado, tem-se uma avassaladora subordinação da política à economia; (2) outro ponto importante que pode ser apontado, infelizmente, é a constante marca da corrupção presente nas organizações políticas de cada cidade, estado e país; (3) um fator de demonstração da fraqueza política e de indiferença alheia é o crescimento vertiginoso das condições de pobreza, e, por outro lado, paradoxalmente, o aumento acentuado, por exemplo, em tempos de pandemia do coronavírus, da concentração de renda e riqueza; (4) a dificuldade de compreender a política como a busca do bem comum e não dos interesses pessoais e de grupos de comando e concentração corporativista. Hoje, infelizmente, a política se subordina e se dobra diante dos interesses dos grandes concentradores e donos do poder. Trata-se de uma política de subserviência e não de cuidado e zelo pela vida de todas as pessoas. "Para se tornar possível o desenvolvimento de uma comunidade mundial capaz de realizar a fraternidade a partir de povos e nações que vivam a amizade social, é necessária a política melhor, a política colocada a serviço do verdadeiro bem comum" (FT, 154).

O capítulo sobre *a melhor política* da *Fratelli Tutti* vai do parágrafo 154 ao 197. Trata-se de um capítulo de relevância muito destacada e de muita perspicácia por parte do Papa Francisco. Sabe-se, porém, tratar-se de um capítulo com muitas nuances difíceis, e, muito provavelmente, de resolução não simples nem fácil. São pontos pertinentes e imprescindíveis de reflexão. Aspectos que exigem concentração e boa vontade para os possíveis encaminhamentos ao desenvolvimento de uma melhor política, cujo foco não seja os interesses e os benefícios privilegiados de grupos e corporações, mas seja, única e exclusivamente, a busca pelo bem comum. São muitos, neste capítulo quinto, os pontos trabalhados pelo Papa Francisco. Mesmo assim, quer-se elencar todos, em um primeiro momento, para, em seguida, resumirmos os mesmos em três itens a serem trabalhados. Eis, pois, os itens sublinhados: *populismos e liberalismos* (FT, 155), *popular ou populista* (FT, 156-162), *valores e limites das visões liberais* (FT, 163-169), *o poder internacional* (FT, 170-175), *uma caridade social e política* (FT, 176), *a política necessária* (FT, 177-179), *o amor político* (FT, 180-182), *o amor eficaz* (FT, 183-185), *a atividade do amor político* (FT, 186), *os sacrifícios do amor* (FT, 187-189), *o amor que integra e reúne* (FT, 190-192), *mais fecundidade que resultados* (FT, 193-197). Para facilitar a articulação deste capítulo, a proposta é trabalhar: (1) os populismos e os liberalismos, (2) uma caridade social e política, (3) o amor político e os sacrifícios do amor.

1. Os populismos e os liberalismos

Este item é permeado de muitas dificuldades e artimanhas, pois há muitas maneiras de ludibriar o povo com os chamados populismos e liberalismos. Em um primeiro momento, quer-se tentar compreender a categoria de povo e deslegitimar as confusões inerentes aos possíveis populismos. É muito frequente o uso e definição de indivíduos, de grupos, com os conceitos de alguém ser mais populista ou não populista (FT, 156). Normalmente a classificação de populista ou não acaba por caracterizar alguém desacreditado ou, então, uma exaltação desmedida. É muito comum estar conectado ao conceito de populismo classificações maniqueístas e, quando não, xenofóbicas, isto é, o populista é posto ou do lado "dos denominados bons" ou do lado dos "denominados maus". Não se tem um olhar mais crítico ou, então, critérios mais bem definidos e claros, para saber se a pessoa, de fato, é do povo ou se faz um "jogo dos interesses", ou, ainda, se está aparentando ser o que não é, tendo por fim usufruir do seu carinho e atenção. Ela busca ser próxima do povo para beneficiar-se e para realizar os seus objetivos e aspirações. Seus benefícios e pretensões pessoais são mais fortes do que a procura pelo bem comum, a ponto de a levar a parecer ser alguém do povo, conquistando sua confiança e votos, para obter vantagens pessoais ou, então, corporativas. O povo entraria na jogada para ser o meio de alcance de suas próprias intenções e propósitos. O populismo é sempre perigoso e um caminho a ser evitado.

Com a introdução do conceito de populismo, tem-se como consequência uma crítica direta a toda tentativa de populismo, porque toma-se o conceito de povo de modo fraco e errôneo (FT, 157). O que a noção de povo tem a ver com a *Fratelli Tutti*? Tem tudo a ver e precisa ser esclarecida e trabalhada com cuidado, para que não perca sua legitimidade. Segundo o Papa Francisco, o enfraquecimento do que se compreende por povo pode, inclusive, tocar diretamente a noção de democracia. Aliás, abrindo um breve parêntese, tem-se ouvido e visto muitos ataques à democracia em pleno século XXI. Não se fará aqui uma reflexão acerca das discussões sobre democracia nos debates contemporâneos, porque não é objetivo aqui que se apresente neste momento. Quer-se, tão somente, afirmar ser a democracia, por um lado, um valor universal, mas também trazer consigo, no decorrer de sua história, certos valores díspares e, por vezes, contraditórios (STEFFENS, 2021, p. 281), a ponto de se poder afirmar ser a democracia um conceito polissêmico (ibid., p. 282). Para o presente propósito, toma-se em consideração a democracia enquanto forma institucional que tem em conta um conjunto de valores, tais como igualdade, soberania popular, direitos humanos, sendo, por conseguinte, considerada como uma espécie de símbolo geral de valores políticos e pessoais amplamente partilhados (ibid., p. 282). Fechado esse breve parêntese, com o Papa Francisco, quer-se manter o significado da definição a partir da etimologia grega de democracia, a saber, "governo do povo".

A definição de povo é muito importante, porque auxilia a escapar das armadilhas dos populismos. Embora não se queira entrar na discussão acerca de populismo, porque há muitas dificuldades, quer-se apenas definir como populistas "[...] as fórmulas políticas cuja fonte principal de inspiração e termo constante de referência é o povo, considerado como agregado social homogêneo e como exclusivo depositário de valores positivos, específicos e permanentes" (INCISA, 1991, p. 980). Para tanto ver, por exemplo, as considerações significativas de Incisa, no *Dicionário de Política* (1991, pp. 980-986), mas, deixando de lado tal polêmica, quer-se focar na definição de que povo não é mera soma de indivíduos. Povo não é uma simples categoria lógica e muito menos mística, na perspectiva de que tudo o que o povo faz é bom. Por ora, pode-se afirmar ser "povo" uma categoria importantíssima para se poder pensar em projetos e sonhos comuns nas diferentes manifestações dos fenômenos sociais. Logo, para se conseguir ter um sonho comum enquanto sociedade, faz-se importante ter uma compreensão de "povo", cuja finalidade é conseguir superar tendências internas e tensões sempre presentes em projetos comuns (FT, 157). Sonhar com um projeto comum, a partir de objetivos e aspirações comuns, superando as possíveis divergências e tendências contrárias. Quando houver uma adesão ao sonho e ao projeto comum, traça-se uma caracterização do substantivo "povo" e do adjetivo "popular", afirmará o Papa Francisco (FT, 157). Em poucas palavras, pertencer a um povo, seja qual for, é fazer parte de uma identidade comum entre os seus participantes, formada e constituída por vínculos sociais e culturais. E isso, no entanto, não é algo que se dá de forma rápida e automática, muito pelo contrário, é um processo lento, difícil, complexo e sempre aberto na busca de um projeto comum (FT, 158). A identidade comum é uma grande conquista, mas ela não se dá de forma fechada e definitiva. O fechamento deforma a categoria de "povo", não possibilita deixar que a identidade comum seja viva, dinâmica e agregadora das novas sínteses. "Um povo vivo, dinâmico e com futuro, é aquele que permanece constantemente aberto a novas sínteses, assumindo em si o que é diverso. E se faz isso não negando a si mesmo, mas com a disposição de se deixar mover, interpelar, crescer, enriquecer por outros, e, assim, pode evoluir" (FT, 160).

O Papa Francisco, ao tratar da categoria de "povo", acena para a possibilidade de haver líderes populares capazes de interpretar o sentir de um povo. Sempre houve e haverá líderes populares capazes de ser uma espécie de "voz do povo", sem serem populistas. São pessoas que fazem uma profunda experiência de povo, seja por meio de sua experiência pessoal, seja pela sua capacidade de leitura e análise da vida de um povo. Tais líderes são uma presença muito importante na busca do bem comum, mas deixarão de sê-lo, quando, eventualmente, voltarem-se sobre si mesmos, isto é, buscarem seus interesses e benefícios pessoais. Por isso, a urgência de a identidade cultural de um povo manter sempre em alta o espírito de criticidade, a fim de que seus líderes populares, de fato, estejam a serviço do bem comum, e, assim, não pervertam o projeto popular em populismo demagógico (FT, 159), seja para benefícios e interesses egoístas, seja para projetos de interesses imediatos, cuja fim principal é empolgar a opinião popular em troca dos votos na eleição. "Responde-se a exigências populares, com o fim de ter garantidos os votos ou o apoio do povo, mas sem avançar em uma tarefa árdua e constante que proporcione às pessoas os recursos para ser desenvolvimento, de modo que possam sustentar a vida com seu esforço e criatividade" (FT, 161).

Longe das diferentes faces dos populismos, quer-se, tomando em conta as diversas características e potencialidades regionais do Planeta, pensar uma economia que seja capaz de construir uma distribuição mais equitativa dos bens e riquezas, para que seja possível a superação de tantas desigualdades, valorizando, por conseguinte, as potencialidades da economia regional (FT, 161). Para tanto, é emergente a questão do trabalho. O trabalho é uma questão de promoção do bem do povo. Na atividade humana, pode-se reconhecer uma tríplice dimensão. A dimensão natural, que não é outra coisa senão a transformação e a humanização da natureza, por meio da técnica e do trabalho do ser humano. A dimensão individual do trabalho, que força a um conhecimento real do ser humano, na medida em que este, ao se confrontar com as coisas, acaba por confrontar-se consigo mesmo, o que o leva à sua autoconstrução. A dimensão comunitária do trabalho, que faz perceber que o trabalho é uma das formas mais elementares de colaboração com toda a humanidade. Na atividade humana manifesta-se uma dimensão essencial do ser humano, qual seja, ser diálogo e comunhão com os outros. Por isso, o trabalho é um dos meios que pode conduzir todos a um mundo mais humano, igualitário, mais justo, e, por conseguinte, a um desenvolvimento integral do ser humano no mundo. Com outras palavras, o trabalho dignifica a pessoa humana, e, enquanto tal, precisa ser assumido como um dos meios mais integradores da vida e portadores de dignidade e valorização da vida de cada ser humano.

> Em uma sociedade realmente desenvolvida, o trabalho é uma dimensão essencial da vida social, porque não é só um modo de ganhar o pão, mas também um meio para o crescimento pessoal, para estabelecer relações sadias, expressar a si mesmo, partilhar dons, sentir-se responsável no desenvolvimento do mundo e, finalmente, viver como povo (FT, 162).

A partir das colocações feitas até aqui, pode-se, seguindo a concepção do papa, afirmar que está contida na categoria de povo uma vinculação positiva dos vínculos comunitários e culturais. Entretanto, nas últimas décadas do século XX e nas primeiras do século XXI, foi-se percebendo e constatando um acento muito forte nas tendências políticas de aceno muito mais liberal. Não obstante não se queira entrar na discussão entre as tendências comunitaristas e liberalistas, ou, então, entre comunitarismo e liberalismo, é preciso lembrar que, nos tempos de predominância da política neoliberal, há um acento muito forte ao indivíduo, muito mais que à comunidade. Um breve aceno à concepção moderna de Estado contratualista auxilia a entender o destaque dado ao indivíduo nas concepções modernas e contemporâneas de Estado. Antes do Estado, de acordo com a política moderna, sobretudo, de cunho contratualista, há, no estado de natureza, o indivíduo isolado, portador de direitos e bens que precisam ser preservados, legitimados, e, portanto, garantidos por alguma instância. *Grosso modo*, portanto, anterior à formação do Estado, há, pois, indivíduos isolados que precisam, de alguma forma, encontrar um caminho de reunião e união para preservar sua vida, seus bens e seus direitos. E o Estado seria, então, uma criação artificial da razão e teria a finalidade de unir os indivíduos, a fim de conservar a vida, legitimar os bens e garantir os direitos, que já lhes eram pertencentes no chamado estado de natureza, passando, agora, a estarem preservados, legitimados e garantidos pelo Estado. Aos poucos, sem observância rigorosa, especialmente, vê-se, no Ocidente, paulatina e progressivamente, um forte aceno aos interesses e aos benefícios do indivíduo enquanto tal. E, simultaneamente, dá-se o desenvolvimento da indústria, o fortalecimento e a primazia da economia sobre a política. "A primazia atribuída ao econômico em detrimento do político criou uma organização da sociedade que a encerra em conflitos de ordem essencialmente econômica" (MULLER, 2007, p. 143). A ação política, ao colocar-se a serviço dos interesses econômicos, perverte-se e acaba desembocando em uma economia cada vez mais focada no mercado, tendo um desenvolvimento cada vez mais sofisticado da tecnologia, a ponto de se poder afirmar ser o século XXI uma sociedade altamente controlada pela ciência e pela tecnologia. O que há é uma nova racionalidade neoliberal. "Consequentemente, a originalidade do neoliberalismo está no fato de criar um novo conjunto de regras que definem não apenas *outro* 'regime de acumulação', mas também, mais amplamente, *outra* sociedade" (DARDOT; LAVAL, 2016, p. 24: grifos do autor).

Tem-se, pois, o que se pode chamar de uma sociedade tecnocientífica globalizada. Trata-se de uma espécie de paradigma tecnocrático. Nas considerações finais acerca da ética filosófica, Lima Vaz aponta para os dois fenômenos que ele considera característicos e paradigmáticos na passagem do século XX ao XXI. "De um lado, o crescimento vertiginoso das tecnociências, em particular da biotecnologia, e de outro, a não menos rápida e abrangente dissolução do tecido social tradicional e sua substituição por novas e inéditas formas de convivência humana e de organização da sociedade" (LIMA VAZ, 2000, p. 24). Ou seja, colado ao denominado paradigma de uma sociedade tecnocrática, há uma mudança rápida e abrangente do tecido social e cultural, e cresce vertiginosamente a centralidade da tese de que o mercado se encarrega de regular a vida das pessoas. Crê-se ser o mercado o mediador das necessidades e benefícios necessários à vida das pessoas. "O mercado, *per se*, não resolve tudo, embora às vezes nos queiram fazer crer neste dogma neoliberal. Trata-se de um pensamento pobre, repetitivo, que propõe sempre as mesmas receitas perante qualquer desafio que surja" (FT, 168: grifos do autor). A economia de mercado não é em absoluto um fim em si mesmo. "Ela não passa de um instrumento; e não só isso, um instrumento bastante imperfeito, se levarmos em conta a divergência possível entre o interesse particular dos indivíduos, dos grupos sociais e das nações, e o interesse geral" (TIROLE, 2020, p. 11). Por isso, não é possível continuar a fomentar a ideia de que soluções apenas paliativas podem proporcionar uma resolução e alimentar a esperança de um mundo mais humano e justo. Podem trazer algumas melhoras pontuais, mas, no fundo, não há uma política estrutural de mudança de concepção e de conversão no coração das pessoas, em seus hábitos e estilos de vida. "É o que acontece quando a propaganda política, os meios e os criadores de opinião pública persistem em fomentar uma cultura individualista e ingênua diante de interesses econômicos desenfreados e da organização das sociedades a serviço daqueles que já têm demasiado poder" (FT, 166).

Não é mais possível aceitar simplesmente o que na política do neoliberalismo se denomina "teoria do derramamento ou do gotejamento" na busca e na tentativa de amenizar as vergonhas existentes entre a minoria que detém e concentra as riquezas e os bens e a grande maioria que vive à espera e às custas de "derramamentos ou gotejamentos" (FT, 168). "A especulação financeira, tendo a ganância do lucro fácil como objetivo fundamental, continua a fazer estragos" (FT, 168). E, cada vez mais, evidencia-se a incapacidade de a liberdade de mercado resolver os problemas e trazer condições mais dignas de vida integral a todos os seres humanos. Por sua vez, a pandemia do coronavírus evidenciou, de maneira escancarada, a urgência de reabilitar uma política saudável, não sujeita aos ditames financeiros. Faz-se, pois, mais do que indispensável retomar a discussão em todos os níveis, tomando como ponto central a dignidade humana e como estratégia a valorização dos diferentes níveis de discussão, desde os movimentos populares, passando pelas estruturas de governos nacionais, chegando até as estruturas de nível internacional (FT, 169).

Ao acercar-se do tema do poder internacional, o Papa Francisco retorna à temática da crise financeira dos anos 2007 e 2008, a fim de evidenciar com clarividência um fato que poderia ter determinado a reorganização e o desenvolvimento de uma nova economia, muito mais atenta e afinada aos princípios éticos, e mais zelosa e corajosa na elaboração de critérios para conter a ganância do capital financeiro (FT, 170). Infelizmente, o que se tem percebido e sentido é um acento ainda mais agudo no desenvolvimento de uma economia mais desigual e mais primaz ao lucro e aos ganhos de quem já tem e detém o poder e a riqueza. E, nesse sentido, a justiça, enquanto insiste em dar a cada um o que é devido, de acordo com a definição clássica, precisa ser sempre de novo tomada como ponto de referencial, uma vez terem crescido as distâncias entre os pobres e os ricos. *Grosso modo*, precisa-se assumir a ideia de justiça, para que seja possível chamar a uma sociedade de humana. E, para que uma sociedade humana seja minimamente considerada justa, faz-se urgente que o respeito à dignidade de cada um dos participantes seja inviolável e que haja condições para que cada pessoa possa crescer e desenvolver-se integralmente enquanto tal (FT, 171).

É importantíssimo, segundo Francisco, pensar e encaminhar "processos" de mudança e transformação (EG, 202). Em se tratando da economia, é urgente pensar a economia a serviço dos povos, isto é, a economia, mais do que atrelada aos lucros e à acumulação, deveria administrar a Casa Comum. "A justa distribuição dos frutos da terra e do trabalho humano não é filantropia. É dever moral" (GASDA, 2018, p. 48). Depois, ao invés de centrar-se na especulação e nas finanças, ela deveria investir nas pessoas e no seu bem viver. "Passar de uma economia que tende a favorecer a corrupção como meio de obter benefícios, para uma economia social que garanta o acesso aos 'três T': terra, teto, trabalho" (ibid., p. 49). E, finalmente, repensar todo o sistema econômico, pondo a pessoa como centro, sendo o mercado controlado pela comunidade política e ética (LS, 189-198). "O Papa Francisco apela à consciência das lideranças políticas para que se empenhem por uma reforma financeira inspirada na ética" (ibid., p. 49). Vê-se que há ainda um longo caminho a percorrer nesse quesito, uma vez que, ainda hoje, "[...] o panorama mundial apresenta-nos muitos direitos falsos e, ao mesmo tempo, amplos setores sem proteção, vítimas inclusive de um mau exercício do poder" (FT, 171).

Somado a todos esses fatores que envolvem essa temática dos populismos, liberalismos, liberdade de mercado, globalização, paradigma tecnocrático, o século XXI assiste a um esmorecimento dos poderes dos Estados nacionais, justamente, porque as grandes empresas de caráter transnacional têm mais poder e primazia que os próprios Estados nacionais. Poder-se-ia chegar a afirmar que os próprios Estados nacionais ficam reféns do poder da economia financeira dessas grandes empresas transnacionais. A economia toma a dianteira e determina as regras de ação, subordinando, inclusive, a política e o direito aos seus objetivos e propósitos, quase sempre alinhados aos ganhos dos mais fortes e poderosos, não se importando com as respectivas consequências, que, na maioria das vezes, acabam sendo em detrimento da vida dos mais vulneráveis e pobres (FT, 172). "Mas deveria prever pelo menos a criação de organizações mundiais mais eficazes, dotadas de autoridade para assegurar o bem comum mundial, a erradicação da fome e da miséria e a justa defesa dos direitos humanos fundamentais" (FT, 172). Por isso, é mais urgente do que nunca o fortalecimento de instituições internacionais capazes de articular autoridades provindas da organização dos governos nacionais e dotadas de poder de sancionar ou vetar certas disposições (LS, 175). O Papa Bento XVI, ciente da realidade mundial, acena para a ideia de que é preciso ser uma possível forma de autoridade mundial regulada pelo direito (CV, 67), e não pode ser simplesmente uma autoridade pessoal. Segundo ele, há urgência em encontrar formas de fazer valer o princípio da responsabilidade de proteger as nações mais pobres com voz nas decisões comuns. "Isto se revela necessário precisamente no âmbito de um ordenamento político, jurídico e econômico que incremente e guie a colaboração internacional para o desenvolvimento solidário de todos os povos" (CV, 67).

Sem sombra de dúvida, a Organização das Nações Unidas (ONU) adquire e tem uma missão importantíssima e intransferível. Ela precisará regular-se pelo direito, ater-se aos princípios de subsidiariedade e solidariedade, estar orientada para a consecução do bem comum (PT, 138-139), comprometer-se na realização de um autêntico desenvolvimento humano integral, inspirado nos valores da caridade na verdade (CV, 67). "Requer-se coragem e generosidade para estabelecer livremente certos objetivos comuns e assegurar o cumprimento em todo o mundo de algumas normas essenciais" (FT, 174). Neste projeto de fortalecimento da Organização das Nações Unidas, é preciso também a observância de limites jurídicos precisos, a fim de evitar que a autoridade da instituição seja cooptada, de impedir a manipulação ideológica, de obstar imposições culturais, de reduzir as liberdades básicas das nações (FT, 173). É importante garantir o domínio do direito, a força do direito e o recurso imprescindível das negociações e das mediações, a fim de superar as possíveis controvérsias. "É necessário evitar que essa organização seja deslegitimada, pois seus problemas ou deficiências podem ser enfrentados e resolvidos em conjunto" (FT, 173). Por fim, nessa referência à função das instituições internacionais, o Papa Francisco sublinha ainda dois aspectos, a saber: (1) o favorecimento de acordos multilaterais entre os Estados, ao invés de simples acordos bilaterais, porque "[...] garantem melhor do que os acordos bilaterais o cuidado de um bem comum realmente universal e a tutela dos Estados mais vulneráveis" (FT, 174), e (2) a referência direta ao princípio de subsidiariedade, uma vez que, diante da debilidade e da incapacidade de alcance da Comunidade Internacional, faz-se emergente o cuidado e a preservação dos direitos de grupos em situação de risco e ameaça de vida. Através do princípio de subsidiariedade, pode-se garantir a participação e a ação de comunidades em nível menor em sintonia e em complemento à ação do Estado (FT, 175). "Muitas vezes, realizam esforços admiráveis com o pensamento no bem comum, e alguns dos seus membros chegam a cumprir gestos verdadeiramente heroicos que mostram de quanta bondade ainda é capaz a nossa humanidade" (FT, 175).

2. Uma caridade social e política

A preocupação inerente ao capítulo de *a melhor política* está na imagem negativa associada à política. Faz-se necessário recuperar a compreensão de política na sua concepção, por assim dizer, original, justamente, porque a política, na visão geral e de senso comum, passou a ser a prática da negociação de interesses pessoais ou de grupos corporativos, perdendo o olhar embasado em seu fundamento nos princípios e seu horizonte no bem comum. É urgente a recuperação da relevância da política, uma vez ser uma dimensão essencial da vida em sociedade.

Antes de acenar, propriamente, a uma definição mais técnica de política, lembra-se o posicionamento do Papa Francisco, na *Laudato Si'*. Ele lembra não poder ser a política subordinada à economia. "[...] a política não deve submeter-se à economia, e esta não deve submeter-se aos ditames e ao paradigma eficientista da tecnocracia" (LS, 189). A política não pode entregar-se aos ditames e aos engodos da economia, sobretudo, em uma época como a atual, ávida de consumo e de lucro. Sabe-se, no entanto, ser imprudente, e, por assim dizer, absurdo imaginar uma economia sem política. Dito de modo rápido, mas sem escrúpulos, economia, política, ética e direito precisam dialogar intensamente no sentido do foco na busca do bem comum. Evidentemente, precisam manter a prudente distância e aproximação, porque, não obstante o intercâmbio seja necessário e frutífero, as referidas áreas são autônomas e possuem seus campos de saber e de foco, cuja finalidade não poderia ser outra senão o desenvolvimento integral da vida de todo ser humano em todo o mundo. O Papa Francisco chega a afirmar claramente que "[...] não se pode justificar uma economia sem política, porque seria incapaz de promover outra lógica para governar os vários aspectos da crise atual" (LS, 196). Faz-se emergente, por isso, uma política que seja capaz de pensar numa ação humana global, mas, ao mesmo tempo, tendo presente que a ação concreta se dá em nível local. Trata-se de assumir que a política é viver e dialogar juntos. O sucesso da política dá-se pela capacidade de diálogo e de compromisso com o futuro comum das pessoas.

> Para os homens, viver uma vida juntos significa falar e agir juntos. Este "falar juntos" e "agir juntos" constituem a vida política. O que inaugura e consolida a ação política é a palavra veiculada entre cidadãos, a livre discussão, a deliberação pública, o debate democrático, a con-versação. Isto ocorre quando os homens se voltam (o verbo latino *versare* significa voltar-se) uns para os outros, para falar, decidir juntos. O que fundamenta o político não é a violência, mas seu contrário absoluto: a palavra humana. Um regime totalitário se caracteriza pela destruição total de todo espaço público, em que os cidadãos teriam liberdade de falar e agir juntos (MULLER, 2007, p. 128).

Urge assumir a crise ecológica e viabilizar a vida do ser humano no mundo, e essa tarefa é de todos e de cada um, evidentemente, tendo, por conseguinte, a ética e a política uma missão imprescindível. Não se pode deixar ou pedir à economia para assumir o poder real do Estado, nesse sentido. Eis, portanto, a missão da política (FT, 177). Na *Laudato Si'* acena-se para a missão importantíssima da obra política: "[...] a grandeza política mostra-se quando, em momentos difíceis, se trabalha com base em grandes princípios e pensando no bem comum a longo prazo. O poder político tem muita dificuldade em assumir este dever em um projeto de nação" (LS, 178). E o mais lastimoso ainda é a má vontade e a pouca consciência da urgência em assumir radicalmente um projeto comum para a humanidade presente e futura (FT, 178). Faz-se imperioso o trabalho e o engajamento político de todos em prol do projeto de fraternidade. "O futuro exige hoje o trabalho de reabilitar a política, que é uma das formas mais altas de caridade. O futuro exige também uma visão humanista da economia e uma política que promova cada vez mais e melhor a participação das pessoas, evitando elitismos e erradicando a pobreza" (PAPA FRANCISCO, 2017, p. 49).

Não há mais tempo a esperar, é preciso assumir a responsabilidade com a existência da humanidade toda. "A sociedade mundial tem graves carências estruturais que não se resolvem com remendos ou soluções rápidas meramente ocasionais. Há coisas que devem ser mudadas com reajustamentos profundos e transformações importantes" (FT, 179). Só a política, por sua natureza, será capaz de conduzir o processo de envolvimento dos diversos setores e o conhecimento das diversas áreas do saber. Dessa forma, segundo o Papa Francisco, uma economia integrada e envolvida com um projeto político, cultural, social, popular, visando ao bem comum, poderá conduzir a um desenvolvimento humano integral (FT, 179), porque a política está sempre presente onde há vida e onde há seres humanos. Segundo Arendt, a política baseia-se na pluralidade dos homens

(ARENDT, 2018, p. 21). "A política trata da convivência entre diferentes. Os homens se organizam politicamente para certas coisas em comum [...]" (ibid., p. 21). Nessa perspectiva, pode-se afirmar ser o sentido da política a liberdade e a continuidade da vida da humanidade e da terra (ibid., pp. 38-39). Segundo Arendt, a política é vista como imperiosa para a vida humana, tanto do indivíduo quanto da sociedade, isto é, a tarefa e o objetivo da política é a garantia da vida no sentido mais amplo (ibid., pp. 45-46). "Assim, o tema da política é um assunto que se faz presente quando há seres humanos, quando há futuro, e também esperança" (SCHIO, 2011, p. 128), porque, em uma palavra, "[...] a política tem por objetivo preservar: a vida, a liberdade, a comunidade, e o próprio sentido da humanidade" (ibid., p. 128).

O conceito de política não é um conceito unívoco e simples de definição. Pode-se, inclusive, afirmar ser um conceito polissêmico. "Em sua acepção mais profunda e fundamental designa o modo assumido pela constituição de uma comunidade que tem lugar mediante o estabelecimento assumido e explícito de sua identidade social e das instituições que ordenam as interações entre seus membros com base em relações de representação e poder" (TORRES, 2021, p. 303). É, pois, a capacidade do ser humano, enquanto ser social, de organizar-se e ordenar suas interações e sua representação, diferentemente das abelhas, das formigas, dos insetos e dos cupins, que, não obstante serem seres sociais, são inteiramente condicionados e determinados biologicamente. Política, segundo Torres, entendida neste sentido fundamental. "[...] requer que a identidade de um conjunto social organizado politicamente tenha sua identidade determinada pela existência de uma instância de representação – seja esta uma assembleia, um parlamento, um rei, um ditador – dotada dos poderes necessários para falar e agir em nome da comunidade" (ibid., p. 303). É claro que haveria possibilidade e, talvez, necessidade de ampliar o leque das questões envolvidas na definição de política, o que não é possível neste momento. Importante, todavia, é dar-se conta da polissemia e da complexidade envolta do conceito e da compreensão de política.

Na *Fratelli Tutti*, o Papa Francisco retoma algumas ideias muitos significativas para a valorização e riqueza da política. Na Exortação apostólica *Evangelii Gaudium*, ele afirma: "A política, tão denegrida, é uma sublime vocação, é uma das formas mais preciosas da caridade, porque busca o bem comum" (EG, 205). Na *Laudato Si'*, lembra: "[...] o amor, cheio de pequenos gestos de cuidado mútuo, é também civil e político, manifestando-se em todas as ações que procuram construir um mundo melhor" (LS, 231). Na *Caritas in Veritate*, de Bento XVI, Francisco busca a seguinte definição: "A caridade dá verdadeira substância à relação pessoal com Deus e com o próximo; é o princípio não só das microrrelações estabelecidas entre amigos, na família, no pequeno grupo, mas também das macrorrelações como relacionamentos sociais, econômicos e políticos" (CV, 2). Como se percebe, a caridade política supera a mentalidade individualista e recupera a concepção do bem comum, ou seja, leva a amar o bem comum. Restabele-se, pois, a ideia de que não há povo sem pessoa e esta sem aquele. Não há oposição, mas, muito mais, correlação. "Povo e pessoa são termos correlativos" (FT, 182). Assim sendo: "A boa política procura caminhos de construção de comunidade nos diferentes níveis da vida social, a fim de reequilibrar a globalização para evitar seus efeitos desagregadores" (FT, 182).

Agrega-se à caridade toda uma relação de amor político e social, ou seja, não é possível avançar para um desenvolvimento integral do ser humano em todas as partes do mundo, se não houver um trabalho acirradamente fundamentado na civilização do amor. O amor social é capaz de marcar o início de uma revolução necessária na mudança, tanto na vida de cada pessoa como nas estruturas sociais e nos ordenamentos jurídicos (CDSI, 207). O amor caridade é capaz de romper com a lógica da reciprocidade, da troca interessada e interesseira. Só há verdadeiro amor, portanto, verdadeira caridade, quando há o sair de si, o descentrar de si para a escuta do outro, e, consequentemente, o encontro com o outro. Supera-se o vínculo da obrigação, da necessidade e da troca pelo vínculo da gratuidade, fazendo do bem do outro, o seu próprio bem. "A caridade, expressão de um amor autêntico, leva a sair de si, e a transcender-se no 'outro' [...]" (BRIGHENTI, 2021, p. 137). Assim sendo, o amor é muito mais que um sentimento subjetivo, é compromisso com a verdade e com a justiça. "Não há paz sem a justiça, que é a mediação da caridade e leva a distribuir o que injustamente vai se acumulando em poucas mãos, deixando a maioria, vazias do necessário para sobreviver" (ibid., p. 138).

Quando a caridade está inteiramente vinculada à verdade e à justiça, o amor social é uma força motriz de transformação. "Pela sua estreita ligação com a verdade, a caridade pode ser reconhecida como expressão autêntica de humanidade e como elemento de importância fundamental nas relações humanas, nomeadamente de natureza pública" (CV, 3). A verdade é uma espécie de luz para a caridade, a fim de não correr o risco dos sentimentalismos e dos relativismos e deixar o caminho aberto e sem preconceitos para a luz da razão e da fé. Segundo o Papa Bento XVI: *"Só na verdade é que a caridade refulge* e pode ser autenticamente vivida. A verdade é luz que dá sentido e valor à caridade" (CV, 3: grifos do autor). Assim sendo, razão e fé têm na atividade da caridade social e política uma contribuição insubstituível na busca pelo melhor caminho de ação, porque dá-se em uma abertura ao acolhimento do dom de Deus e de compromisso com a missão do ser humano na construção de uma civilização do amor. "Viver a caridade com toda a humanidade, no amor de Deus, já a partir desta vida, é viver em fraternidade, em uma sociedade justa e solidária, sem exclusões" (ibid., p. 138). A caridade, portanto, enquanto amor social e político, enquanto dom e tarefa, pode ser denominada de o vínculo da perfeição, e, nesse sentido, pode ser considerada, assumindo a tese de São Paulo aos Coríntios (1Cor 13,1-13), a mãe de todas as virtudes (ibid., p. 138). "Com efeito, quando está em jogo o bem dos outros, não bastam as boas intenções, mas é preciso conseguir efetivamente aquilo de que eles e seus países necessitam para se realizar" (FT, 185).

A atividade do amor político precisa ter em mente dois âmbitos de atuação, segundo o Papa Francisco, a saber, o amor "elícito" e o amor "imperado" (FT, 186). Ambos os amores brotam da virtude da caridade enquanto amor político e social, lembrando, portanto, ser a caridade muito mais que entreajuda, assistência ou justiça distributiva, ela abarca, também, a justiça social, que implica uma organização social com regramento jurídico e estruturas que impeçam a exclusão de pessoas e grupos, a exploração e o acúmulo das riquezas e bens nas mãos de alguns (ibid., p. 139). "A justiça social remete a caridade às causas estruturais da pobreza e da exclusão, à injustiça institucionalizada" (ibid., p. 139). Assim sendo, da virtude da caridade brotam, por um lado, o "amor elícito" que se expressa em atos dirigidos a pessoas e povos, e, por outro, o "amor imperado" que se traduz em atos que impelem a criar instituições mais sadias, regulamentos justos e estruturas mais solidárias (FT, 186). Logo, se é verdade que um gesto de caridade a alguém é muito louvável e importante, também, e, talvez, muito mais impactante, é a ação que se move em transformar as organizações, estruturas e ordenamentos mais condizentes e proporcionadores de desenvolvimento integral do ser humano. "Só com um olhar cujo horizonte esteja transformado pela caridade, levando à percepção da dignidade do outro, é que os pobres são reconhecidos e apreciados na sua dignidade imensa, respeitados no seu estilo próprio e cultura e, por conseguinte, verdadeiramente integrados na sociedade" (FT, 187).

3. O amor político e os sacrifícios do amor

A caridade, enquanto coração do espírito da política, traz em seu bojo o amor preferencial pelos mais pobres e menos favorecidos. Não é possível imaginar o projeto de fraternidade universal sem ter presente a imensa maioria excluída por um sistema que exclui e deixa para trás quem não segue o padrão do consumo e da eleição inclusiva. Só com um profundo amor político é possível encaminhar o processo de mudança que passa pela transformação do coração de cada pessoa e também das estruturas, como afirmou-se anteriormente. "Só com um olhar cujo horizonte esteja transformado pela caridade, levando à percepção da dignidade do outro, é que os pobres são reconhecidos e apreciados na sua dignidade imensa, respeitados no seu estilo próprio e cultura e, por conseguinte, verdadeiramente integrados na sociedade" (FT, 187). Eis, segundo o Papa Francisco, o núcleo do autêntico espírito da política, porque a boa política não se preocupa senão com os princípios fundamentais que regem a vida do ser humano, tais como dignidade humana inadiável, respeito a toda criatura humana, tendo como foco inafiançável o bem comum. É função de toda boa política pensar e viabilizar projetos e políticas públicas que levem a superar as condições degradáveis do ser humano, e que não simplesmente usem da pobreza e dos pobres para enaltecimento. Dever-se-ia ter clareza e convicção de que a erradicação da pobreza não é simplesmente a política de um governo, mas a política do Estado.

A opção preferencial pelos pobres, a partir da perspectiva do amor de Jesus pelos últimos, pequenos e indefesos, não é uma questão secundária, mas, antes, um vínculo inseparável entre fé e vida cristã. Essa opção preferencial pelos pobres e menos favorecidos não é uma invenção da Igreja (FT, 187). É a compreensão radical da proposta de Deus à humanidade. Neste mundo e ambiente de tanto consumo, de poder e de concentração de dinheiro e riqueza, lembrar, discutir, refletir e escolher em favor dos pobres não é luxo, não é quinquilharia, não é adereço, mas sim consciência e clareza de vida em Cristo Jesus. Trata-se da centralidade e do não desvio do projeto do Reino de Deus. Ser pobre de coração é condição essencial para a santidade. Logo, fé e opção preferencial pelos pobres conectam-se. O Papa Francisco insiste em dizer que deseja uma "Igreja pobre para os pobres" (EG, 198).

Intenta-se, pois, superar as ambições, o consumismo e a insensibilidade diante do sofrimento de tantas pessoas. Afirmou o Papa Bento XVI, na abertura da Conferência de Aparecida: "A opção preferencial pelos pobres está implícita na fé cristológica naquele Deus que se fez pobre por nós, para nos enriquecer com a sua pobreza" (DAp, 3). Todos os cristãos devem buscar uma vida simples, austera, livre do consumismo e solidária, capaz da partilha de bens: "ser pobre no coração: isso é santidade" (GE, 70). Logo, a opção preferencial pelos pobres não é um apêndice da fé cristã. A inclusão social dos pobres deriva da fé em Cristo, que se fez pobre e se aproximou, de modo muito especial e prioritário, dos pobres e marginalizados (EG, 186). Trata-se, pois, da fidelidade ao Evangelho e não de um adereço ou de um adesivo à parte, ou, ainda, de uma proposta imagética ou interesseira de alguém inspirado. Afirma o Papa

Francisco: "Cada cristão e cada comunidade são chamados a ser instrumento de Deus a serviço da libertação e da promoção dos pobres, para que possam integrar-se plenamente na sociedade; isto supõe estar docilmente atentos, para ouvir o clamor do pobre e socorrê-lo" (EG, 187).

Isso implica buscar soluções, caminhos para enfrentar tudo o que afronta, desrespeita a vida do ser humano, tudo o que leva ao desprezo e ao descarte da vida humana (FT, 188). Cada qual e também todo político precisa sentir-se um construtor de um mundo, que, paulatina e progressivamente, sem parar e sem medo, vai vencendo e superando o complexo fenômeno da exclusão, que se expressa de múltiplas formas, tais como tráfico, exclusão social, intolerância, exploração sexual, trabalho escravo, prostituição, violências, entre outros (FT, 188). Há, ainda, um longo caminho a percorrer, mas não se pode desesperar. Também não se pode ficar esperando que as coisas melhorem. A política mundial internacional precisa ter total empenho, para que algumas metas comuns sejam traçadas e enfrentadas sem possibilidade outra de negociação, senão a sua superação, porque são vergonhas escandalosas e inexplicáveis. Entre outras ações comuns mínimas, não apenas como boas intenções, mas ações concretas, tem-se, sobretudo, a garantia dos direitos humanos, a superação da fome, a proibição do tráfico de pessoas. "Trata-se daquele mínimo que não se pode adiar mais" (FT, 189).

Faz-se urgente educar para o encontro, para o respeito, para a abertura de horizontes, para a tolerância. Educar para a convivência agrega comprometimento com uma sociedade mais justa, igualitária e responsável. Educar requer desempenhar um papel fundamental no intuito de possibilitar a sensibilização de todos para questões como a justiça e a paz, contribuindo não só para a percepção, porém, principalmente, para a formação de uma consciência de paz e de convivência. "A educação, em sentido amplo, abrange pertencimento e a participação dos sujeitos no mundo, de modo integral e solidário" (TBCF, 54). Trata-se não só de conscientizar estudantes, mas também professores, pais, famílias e toda a comunidade, chamando-os para um compromisso, uma postura e uma prática de atitude de convivência pacífica. Educar para a cultura do encontro motiva a romper com as fronteiras do ódio, da indiferença e da competição. O ato educativo, por conseguinte, "[...] pressupõe ações amplas e complexas que demandam um reconhecimento do lugar que a pessoa ocupa na sociedade em que está inserida, tornando-se um agente que contribua com o desenvolvimento de uma nova cultura do acolhimento" (TBCF, 56). A educação é uma das pedras fundamentais sobre a qual se assenta uma nação forte, competente, criativa e democrática. "E quando determinada política semeia o ódio e o medo em relação a outras nações em nome do bem do próprio país, é necessário estar alerta, reagir a tempo e corrigir imediatamente o rumo" (FT, 192).

É necessário mudar a realidade de conflitos violentos e de julgamentos apressados e fechados ao diálogo e de agressões à possibilidade da formação de uma cultura de encontro e de fraternidade, sabendo, no entanto, que a cultura da não violência exige compromisso e envolvimento sistemático de todas as pessoas, comunidades, instituições e nações. Pensar uma sociedade propícia à convivência é atitude sublime. Engajar-se e assumir um estilo de vida para o encontro e para a fraternidade exige amar com ternura, isto é, um amor, "[...] que se torna próximo e concreto. É um movimento que brota do coração e chega aos olhos, aos ouvidos e às mãos" (FT, 194). Precisa-se, pois, aprender a conviver. Trata-se de um caminho muito sensato, ou seja, de assumir com ternura e perseverança o compromisso e a responsabilidade, tanto pessoal como social e politicamente, da formação e construção de uma sociedade alicerçada sobre a sabedoria da convivência, do diálogo e do respeito.

Aqui, segundo o Papa Francisco, mais que buscar resultados forçados ou grandes resultados, embora eles sejam também relevantes, sobremaneira, ao se pensar na urgência da mudança de estilo de vida da humanidade, o mais importante é engajamento, é o processo, é a alegria de poder ver que a luta trouxe mais vida para alguém, para alguns, ou, então, para uma comunidade (FT, 195). Mais considerável do que resultados colhidos por quem planta é a fecundidade do processo que mantém sempre viva a promessa de que cada ser humano, cada grupo, cada comunidade, cada país, adiante, em um futuro breve ou distante, será capaz de produzir sempre mais frutos de respeito, de justiça, de dignidade, de convivência pacífica. "Vista dessa maneira, a política é mais nobre do que a aparência, o *marketing*, as diferentes formas de disfarce da mídia. Tudo isso semeia apenas divisão, inimizade e um ceticismo desolador incapaz de apelar para um projeto comum" (FT, 197: grifo do autor).

Ao tomar em conta a noção de bem comum, o Papa Francisco relaciona-o ao conceito de justiça intergeracional. Esse conceito torna-se importante, sobremaneira, para compreender que a concepção de bem comum toma em conta, além da geração atual, também as gerações futuras. Ao tratar-se da crise ecológica atual, tem-se em consideração, a partir do Papa Francisco, a importância de elucidar um desenvolvimento sustentável com vistas à solidariedade intergeracional, pois, ao versar sobre a crise ecológica mundial, reportar-se-ia, em última instância, à própria dignidade humana. Afirma o papa: "A noção de bem comum engloba também as gerações futuras.

[...]. Já não se pode falar de desenvolvimento sustentável sem uma solidariedade intergeracional" (LS, 159). O dever com as gerações futuras diz respeito a cada ser humano e, por conseguinte, a toda a humanidade. "Quando pensamos na situação em que se deixa o planeta às gerações futuras, entramos em outra lógica: a do dom gratuito, que recebemos e comunicamos" (LS, 159).

Nesse sentido, a geração atual tem a nobilitante responsabilidade pelo respeito e cuidado com a vida de todos os seres vivos e com o meio ambiente. "Se a terra nos é dada, não podemos pensar apenas a partir de um critério utilitarista de eficiência e produtividade para lucro individual. Não estamos falando de uma atitude opcional, mas de uma questão essencial de justiça, pois a terra que recebemos pertence também àqueles que hão de vir" (LS, 159). É preciso, pois, cuidar e zelar pelos recursos naturais, para que se possa garantir o desenvolvimento sustentável às gerações presente e futura. Por isso, faz-se emergente e urgente uma ecologia, uma ética ambiental responsável, que seja capaz de integrar a realidade em sua amplitude, de forma que seja o mais abrangente possível, por conta de não se tratar de uma crise meramente unidimensional ou extemporânea, mas, sim, de uma complexa crise que envolve a Casa Comum. Decorre, portanto, a necessidade "[...] imperiosa do humanismo, que faz apelo aos distintos saberes, incluindo o econômico, para uma visão mais integral e integradora" (LS, 141). Urge ter clareza de que a vida do ser humano está em primeiro plano, estando a economia a seu serviço. "A economia está a serviço do bem comum; tem como objetivo tornar o mundo melhor. Com esse fim, tem como tarefa identificar as instituições e políticas que venham a promover o interesse geral" (TIROLE, 2020, p. 13). Em outras palavras, segundo o Papa Francisco "[...] a análise dos problemas ambientais é inseparável da análise dos contextos humanos, familiares, laborais, urbanos, e da relação de cada pessoa consigo mesma, que gera um modo específico de se relacionar com os outros e com o meio ambiente" (LS, 141). Não se pode mais renunciar à responsabilidade de todos pela sobrevivência da totalidade dos seres vivos, inclusive, da terra.

6. Diálogo e amizade social

O sexto capítulo centra-se na compreensão de uma nova cultura, por meio do diálogo respeitoso e da busca da verdade, reconhecendo a outra pessoa como totalmente outrem que vem ao encontro não para concorrer, mas para conviver e crescer enquanto ser humano. O diálogo é constitutivo do ser humano enquanto tal. Não há ser humano sem diálogo, entendido enquanto olhar, sentir, ouvir, pensar, conversar, aproximar-se, afastar-se, crescer e amadurecer.

O capítulo inicia-se com o parágrafo 198 e termina com o 224. Os itens trabalhados pelo Papa Francisco nesse capítulo trazem um teor muito forte e marcante para a formação de um novo estilo de vida, acentuado pela arte do encontro, a saber: *diálogo social para uma nova cultura* (FT, 199-202), *construir juntos* (FT, 203-205), *a base dos consensos* (FT, 206-210), *o consenso e a verdade* (FT, 211-214), *uma nova cultura* (FT, 215), *o encontro feito cultura* (FT, 216-217), *o prazer de reconhecer o outro* (FT, 218-221), *recuperar a amabilidade* (FT, 222-224). A partir desses itens, trabalham-se dois tópicos: (1) o diálogo e uma nova cultura, (2) a base do consenso e os pactos social e cultural.

1. O diálogo e uma nova cultura

O diálogo tem uma importância imprescindível para a confecção de uma nova cultura. Não é possível pensar uma cultura de encontro, de fraternidade universal, de amizade social, se não houver uma compreensão abrangente de diálogo. Embora diálogo, *grosso modo*, signifique a fala, a conversa entre duas pessoas ou mais, quer-se lembrar que, etimologicamente, diálogo significa a conversa, a palavra por intermédio, através de.

Diálogo significa por meio da razão, por meio do verbo, por meio da palavra. Ousando um pouco, poder-se-ia afirmar ser o diálogo o caminho pedagógico, o itinerário processual para o encontro, para o envolvimento, para o crescimento relacional entre duas pessoas ou mais, entre duas comunidades ou mais, entre duas culturas ou mais, entre duas gerações ou mais, e assim por diante. Diálogo é uma relação dialética, ou seja, de encontro, de fala e escuta, de sentimento e de preocupação. É movimento de ação e retração. Contém a fala e também a escuta. Ora a relação dialogal está mais para a fala, ora está mais para a escuta. Enfim, o diálogo, quando verdadeiro, é o encontro com a pessoa, com as pessoas em sua realidade existencial. Diálogo é humildade, suavidade e abertura. Afirma o Papa Francisco sobre o verbo dialogar: "Aproximar-se, expressar-se, ouvir-se, olhar-se, conhecer-se, esforçar-se por entender-se, procurar pontos de contato: tudo isso se resume no verbo 'dialogar'" (FT, 198).

Antes de traçar pontos importantes da relação intrínseca entre o diálogo e a confecção de uma nova cultura, é relevante ressaltar certos aspectos essenciais da compreensão de diálogo, fazendo breve alusão a Platão, Aristóteles e Buber, para, em seguida, trazer algumas particularidades fundamentais a respeito das características do ser humano enquanto ser cultural e de como é possível o caminho para uma nova cultura. É claro que não se deseja entrar na análise da compreensão sobre cultura, o que não é fácil. Quer-se, para facilitar, apontar brevemente para a dimensão cultural do ser humano enquanto característica que lhe é inerente, sem entrar nas complexas discussões a respeito de tal conceito (DUTRA, 2021, p. 269). Segundo Platão, quem sabe perguntar e responder é especialista em diálogo (*Crát.*, 390c), ou, ainda, a contemplação pela alma da realidade inteligível é efeito do conhecimento da "arte do diálogo" (*Rep.*, 511c), pois, para esse autor, contrapondo-se aos sofistas, o diálogo é também processo cognoscitivo e não mera disputa, ou seja, o diálogo é um método rigoroso de conceptualização (*Phaed.*, 266b). Com a intenção de ratificar a importância do diálogo, traz-se também Aristóteles, que, em seu texto *Política*, afirma que o ser humano é um ser da palavra. Somente ele, o ser humano, dentre todos os animais, possui a palavra. A voz é dada a todos os animais, que a utilizam para comunicar sensações de pena ou de prazer. Mas somente ao ser humano é dada a palavra, que é capaz de significar aquilo que é danoso ou conveniente, bem como o que é justo ou injusto (*Pol.* I, 1, 1253 a 17-19).

O ser humano é um ser da palavra. Sem entrar, especificamente, no debate propriamente acerca do diálogo e sua repercussão na tematização e discussão filosóficas, quer-se atentar para o aspecto do diálogo, sobremaneira, enquanto comunicação na forma de manifestação existencial, especialmente, na caracterização de abertura ao outro. Trata-se, assim, de uma comunicação, isto é, da relação dialógica do eu com um tu. "O movimento básico dialógico consiste no voltar-se-para-o-outro" (BUBER, 1982, p. 56). Segundo Martin Buber, o diálogo é comunicação existencial entre o eu e o tu, em que o próprio silêncio faz parte e se constitui em uma das formas de diálogo, sendo, então, imprescindível distinguir entre o diálogo autêntico e o falso. Sem dúvida, para que o diálogo seja uma forma autêntica de encontro, faz-se necessária a superação das tendências, por um lado, egoísticas, individualistas, narcisistas e idolátricas, e também, por outro lado, de alcance e de concordância com o *status quo* conformável e maleável à aparência do inautêntico, ou seja, da convenção hierárquica "parecer ser", o que, na verdade, "não é".

Nessa perspectiva, *grosso modo*, diálogo significa o lugar e o tempo "através de", "por meio de", em que se entrecruzam os discursos, e, neste entrecruzamento, precisam ser pressupostas a unidade e a diferença, isto é, a propriedade e a diferença. Trata-se, pois, de uma atitude de abertura e não de fechamento e de estatutário estático, sendo o diálogo, por conseguinte, muito mais do que uma simples conversação, e, por sua vez, uma maneira de abrir espaço ao diálogo é à pergunta, que rompe com os limites das medidas de validade. Ou seja: "Ser humano é ser em relação, é estar permanentemente aberto ao outro e a sua diferença" (BINGEMER, 2019, p. 93).

O ser humano é um ser cultural situado. Ele vive e se desenvolve numa determinada cultura, sendo esta, por conseguinte, sua *morada*, mas, ao mesmo tempo, a *moradora* no ser humano. Isso significa afirmar que, por um lado, a cultura exerce um papel condicionador sobre o ser humano. "Não se subestime, entretanto, o peso condicionador da cultura. Ela é a nossa morada; e toda morada condiciona de modo intenso o viver dos moradores, bastando para isto que não confundamos o *morar* com o visitar só em raros momentos (para dormir ou comer) cômodos de aluguel" (MORAIS, 1992, p. 34: grifo do autor). Porém, por outro, ele pode criticar a cultura na medida em que ela mora em sua casa. "Todavia, todo ser humano é também morada da cultura e, não poucas vezes, questiona a sua moradora e, se dela acaba por discordar em alguns aspectos, tenta rearranjá-la ou no mínimo torná-la menos inaceitável, isto mediante o senso crítico e a força da práxis" (ibid., p. 34). Numa palavra, o ser humano, enquanto ser de sentido, busca dar valor a tudo o que pensa, age e faz. É capaz, por conseguinte, de questionar e provocar continuamente com sua reflexão a ciência, a ética, a cultura e toda a hierarquia de valores, uma vez que nenhuma *realidade*, tal como se apresenta, abarca a totalidade das possibilidades. "Quando um homem ou um grupo humano não foge à sua condição de ser pensante, seu poder se revela bem mais efetivo do que costumeiramente supomos" (ibid., p. 34).

A cultura designa, pois, a própria ação do sujeito humano sobre a natureza humana, ou seja, corresponde ao que os gregos chamavam de *paideia*, ou seja, *educação*. Essa cultura compreendida nos moldes da *paideia clássica*, preocupada com a formação global e autenticamente humana do ser humano, tem, sobretudo, três características básicas, segundo Urbano Zilles: a) é uma cultura aberta, não fechando o ser humano no âmbito estreito de ideias e crenças. O ser humano culto é de espírito aberto e livre e sabe compreender as ideias e as crenças do próximo, embora, muitas vezes, ele não as aceite; b) ancorada no passado, uma cultura viva está aberta para o futuro. Nesse sentido, o ser humano culto não se desequilibra e não se desespera diante do novo, porque sabe considerar seu justo valor; c) a cultura baseia-se na capacidade humana de realizar opções e abstrações que permitam confrontos, avaliações de conjunto. A cultura exige ideias gerais que, entretanto, são avaliadas criticamente em situações concretas (ZILLES, 2005, p. 171). A cultura designa no uso da linguagem atual, em primeira linha, o contexto de teoria e práxis, e práxis entendida aqui como *agir* e também como *fazer* (MAURER, 1973, p. 823). Cultura é, então, o que o ser humano faz de si e de seu mundo, ou seja, o que pensa, age e faz, sendo, por conseguinte, o significado básico de cultura a formação contínua do ser humano, cultivada e efetivada no conjunto dos modos de viver e pensar consigo mesmo e com os outros no mundo.

O aceno breve à dimensão cultural do ser humano intentou aventar a ideia de que, afora a complexidade da definição de cultura, se quer sublinhar a tarefa de criar uma nova cultura, não obstante, de modo geral, os traços culturais da globalização neoliberal sejam muito fortes, e, deveras, bastante impregnados no modo de viver da contemporaneidade. É preciso assumir convictamente a saída de uma realidade que se apresenta, nos dias atuais, de apelo ao modo de vida individualista, indiferente e, muitas vezes, violento e maniqueísta. Também não é possível aceitar a concepção de que cada pessoa ou cada grupo, cada comunidade ou cada país teria o aval de assumir o caminho da violência. Segundo o Papa Francisco, o caminho do diálogo é o único que se apresenta como possibilidade de respeito à dignidade de cada pessoa e de desenvolvimento integral do ser humano enquanto tal. Não há outro caminho de fraternidade senão o de abertura e de diálogo entre os diferentes segmentos de uma sociedade e entre as diferentes culturas (FT, 199). Afirma-se, portanto:

> Diálogo não significa concordar com tudo. Ele se estabelece com quem está aberto a essa experiência enquanto compromisso de amor. Isso implica não negociar o que é inegociável nas convicções de cada um e de cada grupo. Uma educação que provoca a cultura do diálogo é capaz de identificar e nomear lugares, situações e ambientes onde a intolerância, a violência e o ódio são disseminados e, assim, refletir suas causas e buscar soluções para sua superação (TBCF, 209).

Em uma nova cultura não se pode tolerar o que vem acontecendo, não apenas nas redes sociais, com bastante frequência, mas também, infelizmente, na relação entre pessoas e grupos. Em uma época da denominada pós-verdade, não é possível aceitar a concepção de que cada um pode autodenominar-se o "detentor da verdade", isto é, em outras palavras, seja sua autorreferência ou, então, não se busque mais saber se a opinião é ou não verdadeira, mas simplesmente, por questões de preconceitos ideológicos das mais diversas áreas e por identificação, aceita-se tal emissão de opinião. *Grosso modo*, segundo Guareschi, tomando em conta a definição do *Oxford English Dictionary*, de 2016, o conceito pós-verdade está definido como adjetivo, e não como substantivo, porque estaria muito mais relacionado ou denotando circunstâncias nas quais fatos objetivos têm menos influência na formação da opinião pública do que apelos à emoção e às crenças pessoais. "Pós-verdade não é, então, um substantivo. É um adjetivo, um clima, um estado de coisas caracterizado por um novo ambiente socioantropológico" (GUARESCHI, 2021, p. 314).

Nesse sentido, parece que tudo se reduz e se fecha ao condicionamento subjetivo, às crenças subjetivas, como se não houvesse mais condições de averiguação de certificação ou falsificação de algo emitido. Não se pode aceitar a perda da busca objetiva da verdade. Não se pode aceitar a concepção da autorreferencialidade como critério para opinião falsa ou verdadeira. Não se pode aceitar as noções maniqueístas para definição do que é bom ou mau. Não se pode engolir a ideia de que as notícias que são postadas na internet seriam todas verídicas. Não se pode validar os vícios maléficos de difamar as pessoas pelas redes sociais. Infelizmente, o que se tem visto e percebido nas redes sociais é o patrocínio e favorecimento de um estilo agressivo e violento de informação. "Do ponto de vista das relações intersubjetivas, do discurso e da lógica do reconhecimento, a principal característica da pós-verdade é que ela requer uma recusa do outro ou ao menos uma cultura da indiferença, que, quando se vê ameaçada, reage com ódio ou violência" (DUNKER, 2019, p. 24). No contexto contemporâneo da vida em aceleração constante e progressiva, não se tem mais tempo para ler, analisar, interpretar o conteúdo das mensagens, permanecendo-se, simplesmente, em uma espécie de performance generalizada e em movimentação contínua, perdendo-se, por conseguinte, a experiência comum da partilha simbólica e imaginária em processo de aprofundamento e amadurecimento. Tudo se torna aceleração e performance (ibid., p. 25). Aqui, se as coisas não andarem de acordo com a projeção estabelecida, prefere-se a violência, a agressão, a manipulação ao diálogo de aproximação, crescimento e amizade social. "A ausência de diálogo significa que ninguém, nos diferentes setores, está preocupado com o bem comum, mas sim em obter as vantagens que o poder proporciona ou, na melhor das hipóteses, em impor seu próprio modo de pensar" (FT, 202). Segundo Dunker, chega-se a uma cultura da impossibilidade de escutar o outro. Prefere-se a criação de formas artificiais de companhia. Cria-se uma espécie contratualização da vida cotidiana (ibid., p. 31).

> O sentimento social que alterna o desamparo e a solidão com o medo pela guerra de todos contra todos cria um tipo de laço que não é mais baseado no risco da palavra, mas na garantia de proteção por identificação. Para criar algum sentimento de pertencimento, é preciso participar de um grupo codificado, e para isso é preciso responder de forma homogênea. Porém, os grupos horizontais, definidos pela partilha de um traço comum, rapidamente foram substituídos por grupos de guerra, muito mais fáceis de constituir, baseados no ódio contra um inimigo comum. Um fato importante na nova cultura da indiferença e do ódio é que nossas respostas não são exatamente concentradas no que o outro diz, mas no ambiente, no contexto, no que se ajusta bem à paisagem. É o que Lacan chamava de imaginário, esta inclinação a fechar o sentido cedo demais, a compreender o outro rápido demais, a nos

alienarmos em sua imagem e assim nos fecharmos para sua palavra (ibid., p. 31).

São admiráveis as conquistas do progresso. Vive-se uma época da ciência e da tecnologia. Com Martin Heidegger, parafraseando-o, o qual afirmara, nos altos do século XX, que nenhuma época soube tantas e tão diversas coisas do homem como a nossa, mas, em verdade, nunca se soube menos, tão pouco, o que é o homem. Pode-se, sem sombra de dúvida, corroborar, com muito pesar, tal afirmação, pois, com tantas possibilidades de encontro, de aproximação, de convivência, vê-se, com muita tristeza, aumentar a degradação do meio ambiente, os conflitos bélicos entre as pessoas, o desrespeito com o pensar e o agir de pessoas que não seguem ou não se identificam com as emoções ou crenças consideradas como as que precisam ser seguidas e contempladas. Ao invés de se buscar pontes e aproximações, constroem-se muros, muralhas e cercados de proteção às ideologias com as quais as pessoas e os grupos se identificam. Ao invés de se buscar comunhão e complementação, procura-se o isolamento e o afastamento. Urge o desenvolvimento e atenção ao diálogo social com coragem e abertura de espírito. O debate público com transparência e com pretensão do alcance da verdade é de eminente importância para o bem comum. "O diálogo social autêntico inclui a capacidade de respeitar o ponto de vista do outro, admitindo a possibilidade de que nele contenha convicções ou interesses legítimos" (FT, 203). Mais do que nunca, neste mundo globalizado, em que tudo se torna tão rápido, simultâneo e fácil de comunicação, não se pode aceitar informações sem constatação de veracidade, sem o crivo da crítica séria nem incentivos e comportamentos alinhados a uma cultura de ódio e de indiferença. Não se pode aceitar com tranquilidade e até com certa naturalidade a transmissão e a disseminação das fraquezas e das mazelas do egoísmo, da violência, da corrupção, isto é, de uma vida fechada e entrincheirada nos interesses individuais (FT, 113).

Faz-se inadiável a mudança de atitude e estilo de vida. "Mas é necessário verificar, continuamente, que as formas de comunicação atuais nos orientem efetivamente para o encontro generoso, a busca sincera da verdade íntegra, o serviço, a proximidade com os últimos e o compromisso de construir o bem comum" (FT, 205). Não se pode deixar triunfar no mundo da comunicação digital o predomínio e a exploração das mazelas e da maldade do ser humano. Nessa linha de proximidade perversa, segundo o Papa Francisco, também não se pode descuidar de um fenômeno que se tem mostrado muito perverso, a saber, "[...] a assimilação da ética e da política à física. Não existem o bem e o mal em si mesmos, mas apenas um cálculo de vantagens e desvantagens" (FT, 210). Outro fator determinante que impacta contra a confecção de uma cultura de fraternidade e amizade social é o enfraquecimento da ideia de justiça, e, por conseguinte, o papel do direito. Devido à perversidade da não existência do bem e do mal em si mesmos e, também, por conta da consideração do vantajoso para a classe dominante como critério de decisão nas escolhas, o direito fica enfraquecido e sem uma referência fundamental de justiça, acabando por fomentar e deixar triunfar a lógica da força e da perversidade (FT, 210). Urge, por isso, trabalhar incansavelmente por uma cultura do encontro, que se dê por meio do diálogo, do respeito e da busca da verdade. "Em uma sociedade pluralista, o diálogo é o caminho mais adequado para reconhecer o que sempre deve ser firmado e respeitado e que vai além do consenso ocasional" (FT, 211).

2. A base do consenso e os pactos social e cultural

A busca da verdade é um valor fundamental para a construção de uma sociedade mais justa e digna. A verdade é um dos temas fundadores de todo o pensamento ocidental. Constitui-se como um dos temas mais debatidos, e, por isso, não há uma única corrente acerca da verdade. *Grosso modo*, pode-se afirmar que os debates se concentram, sobretudo, a partir de três formas de análise ou exame. "A abordagem *metafísica* investiga a possibilidade de conhecermos a verdade da realidade enquanto ela mesma. A abordagem *epistemológica* examina o problema das fontes de evidência para a verdade e mesmo se é possível uma fonte para a verdade. Finalmente, a abordagem *semântica* articula a verdade a partir de seu aspecto proposicional e lógico" (PETTERSEN, 2021, p. 562). Cada pensador, ao longo da história, procurou posicionar-se em uma ou em várias dessas três formas de exame. Além dessa referência, apenas como informação geral, acena-se para o aspecto de que as principais teorias a respeito da verdade são: realismo, coerentismo, pragmatismo, relativismo, ceticismo (ibid., p. 563).

A busca da verdade caracteriza a história da humanidade. Para os antigos, a verdade recebia três conotações: revelação grega (*alethéia*) de uma lembrança esquecida, precisão latina do testemunho (*veritas*), confiança judeo-cristã da promessa (*emunah*). Unem-se, pois, na busca da verdade na perspectiva do passado, do presente e do futuro, em uma busca comum (DUNKER, 2017, p. 14). Para o Papa Francisco, há valores universais, porque comuns a todos e em todos os tempos, e um deles é a busca da verdade e do bem, uma vez que o ser humano é um ser dado à busca da verdade e à prática do bem, porque ele é um ser dotado de razão e liberdade. "Indagando sobre a natureza humana, a razão descobre valores que são universais, porque dela derivam" (FT, 208). Percebe-se, pois, que todo projeto de vida ou de política precisa ser traduzido em convivência, isto é, em estar junto em uma experiência de compartilhamento. Por isso, a partir da busca da verdade em sua tríplice conotação, pode-se apresentar três formas de estar juntos.

> A verdade no presente (*alethéia*) nos convida a uma linguagem ou pensamento que nos unem em torno de uma experiência comum. A verdade do passado (*veritas*), que requer testemunho e exatidão, depende da individuação por responsabilidade em torno de uma lei comum. Finalmente, a verdade no futuro (*emunah*) e a confiança diante do imponderável da imaginação criam um horizonte comum (DUNKER, 2017, p 22: grifos do autor).

Por isso, quando se trata de olhar para um projeto significativo e abençoado como o do Papa Francisco, não se pode aceitar senão a busca da verdade como um imperativo. É abominável o relativismo da assim denominada "verdade consensual relativa", isto é, um consenso sem verdades objetivas nem princípios estáveis. A cultura pode deixar-se corromper pelos relativismos e pela ausência total de qualquer reconhecimento de verdade objetiva (LS, 123). Sem dúvida, quando os acordos dos que estão no "jogo do consenso" acontecem a partir dos interesses espúrios e esdrúxulos dos envolvidos, sem observação de princípios objetivos e sem ter como foco o bem comum, facilmente os consensos podem desviar-se dos princípios, da realidade objetiva cultural e do olhar fixo para o bem comum, e tornarem-se relativizados. "Ao relativismo acrescenta-se o risco de que os poderosos ou os mais hábeis consigam impor uma suposta verdade" (FT, 209). A busca da verdade alicerçada nos princípios fundamentais torna a procura de cada sociedade capaz de ultrapassar as conveniências momentâneas. Buscar a verdade implica discernir os fundamentos mais sólidos que dão sustentação às escolhas e às leis que regem uma sociedade (FT, 207). "Uma sociedade é nobre e respeitável porque cultiva a busca da verdade e seu apego às verdades fundamentais" (FT, 207).

Tendo em mente a busca da verdade como um valor fundamental do ser humano em qualquer sociedade e em qualquer tempo, na tentativa do delineamento da base de uma cultura da fraternidade universal, é importante acenar ainda para alguns valores fundamentais que conferem estabilidade para uma ética social (FT, 211). São valores que reconhecemos como valores que ultrapassam quaisquer contextos e circunstâncias temporais e que, mesmo na realidade dinâmica do consenso, são vistos como transcendentes. "Mesmo quando os reconhecemos e assumimos através do diálogo e do consenso, vemos que esses valores básicos vão além de qualquer consenso e os reconhecemos como valores transcendentes aos nossos contextos e nunca negociáveis" (FT, 211). Em seguida, o Papa Francisco, ao se perguntar se a experiência de um bom funcionamento de uma sociedade poderia ser acrescida à base do consenso, termina por lembrar ser muito importante não contrapor a convivência social, o consenso e a realidade de uma verdade objetiva, porque, segundo ele, há certas normas indispensáveis para a própria convivência social. Estas acabam por manifestar um indício externo de como são algo intrinsecamente bom (FT, 212). Além e acima disso, há uma manifestação fundamental e muito objetiva a respeito da dignidade humana. O Papa Francisco reafirma uma vez mais a dignidade humana como inviolável e inegociável, independentemente do contexto sociocultural e do período da história. Ninguém pode sentir-se autorizado a violar essa verdade fundamental. "Assim, a inteligência pode perscrutar a realidade das coisas, através da reflexão, da experiência e do diálogo, para reconhecer, nessa realidade que a transcende, a base de certas exigências universais" (FT, 213).

Com a base do consenso bastante bem delineada, o foco do Papa Francisco se volta para a caracterização da nova cultura. Citando Vinicius de Moraes, "Samba da bênção", o Papa Francisco afirma: "A vida é a arte do encontro, embora haja tanto desencontro na vida" (FT, 215). Com essa afirmação, ele acena mais uma vez para uma imagem recorrente nos textos do pontífice. Foca na imagem do poliedro, porque tem muitas faces, muitos lados, mas todas suas faces e todos os seus lados concorrem para a unidade de matizes. Essa imagem é-lhe muito cara e importante, porque o poliedro "[...] representa uma sociedade em que as diferenças convivem integrando-se, enriquecendo-se e iluminando-se reciprocamente, embora isso envolva discussões e desconfianças" (FT, 215). Ao se lançar mão do poliedro, quer-se ter em mente, evidentemente, as múltiplas realidades existentes em todas as partes do mundo, sejam elas mais centrais, sejam mais periféricas. O desafio é a saída de si, isto é, a saída do mundo cultural particular para ir ao encontro, aproximar-se, escutar outra realidade, outro contexto sociocultural, sociopolítico. É a arte dialética do encontro das diferentes culturas.

Se mais acima tentou-se aludir, ainda que brevemente, à dimensão cultural do ser humano, enquanto este pode ser considerado como um ser cultural, agora, ao tomar em conta o número 216 da *Fratelli Tutti*, tem-se uma definição muito sensível e determinante, delineando bastante bem o que e como o Papa Francisco entende a cultura do encontro. Faz-se questão, por isso, de trazer à tona o texto completo da definição.

> A palavra "cultura" indica algo que penetrou no povo, nas suas convicções mais profundas e no seu estilo de vida.

> Quando falamos de uma "cultura" no povo, trata-se de algo mais que uma ideia ou uma abstração; inclui as aspirações, o entusiasmo e, em última análise, um modo de viver que caracteriza aquele grupo humano. Assim, falar de "cultura do encontro" significa que, como povo, somos apaixonados por querer encontrar-nos, procurar pontos de contato, construir pontes, planejar algo que envolva a todos. Isso se tornou uma aspiração e um estilo de vida. O sujeito dessa cultura é o povo, não um setor da sociedade que tenta manter tranquilo o resto com recursos profissionais e mediáticos (FT, 216).

Interessantíssimo é também sublinhar a magnífica ideia da *Fratelli Tutti*, de que a cultura do encontro está inteiramente interconectada com a cultura da boa convivência, da convivência pacífica. Não se trata de uma paz superficial e de aparência. Trata-se de uma paz cuja base se sustenta na justiça e no respeito a cada pessoa e a cada cultura. A paz é um desafio laborioso e convoca cada um como artífice de paz e convivência. Cada pessoa precisa sentir-se e assumir-se como artesão de paz. A paz é um processo de construção dialógica e de respeito às diferenças. Tanto o construir como o vivenciar a paz não é como se fosse apropriação de um objeto. É, muito mais, como uma força vital que move e deve ser assumida e construída por todos. É uma capacidade que permite pensar a diversidade constitutiva dos povos e a unidade da diversidade das culturas, povos e nações. Em diferentes esferas, sejam elas socioculturais ou escolares, a paz pode ser considerada de diversas maneiras e refletida em diferentes formas de agir. Os líderes, nessas instâncias, agem distintamente, porque especialmente na diversidade é que a paz se faz presente. A paz não é um estado dado, mas algo a ser instaurado e construído por nós e do qual não somos clientes ou seus beneficiários, mas sujeitos de construção histórica. Essa postura perpassa todas as organizações, sejam quais forem, militares, sociais, políticas, religiosas, educacionais. O que auxilia no embate desses grupos e instituições não é o grau e a escala de poder que os determina, mas sim o diálogo incansável pela construção de uma cultura de paz que permita que a diversidade faça parte e enriqueça o todo. A construção de uma cultura de paz necessita de um exercício generoso de diálogo entre os seres de forma individual e coletiva e, dessa forma, a paz é sempre vista como uma construção de todos e não um simples decreto deste ou daquele poder. Como permanente possibilidade de efetuação, a paz ao mesmo tempo se dá e se perde, revela-se e se esconde, mostrando, na sua eventualidade, imperfeição e incompletude. Afirma-se: "O que conta é gerar *processos* de encontro, processos que possam construir um povo capaz de colecionar as diferenças. Armemos os nossos filhos com as armas do diálogo! Vamos ensinar-lhes o bom combate do encontro!" (FT, 217: grifo do autor).

A cultura do encontro não é algo já instaurado de uma vez por todas. Embora se fale muito em proximidade, em encontro, em diálogo, sabe-se que há muitos desencontros e subornos culturais e políticos para tornar a existência mais de confrontos e competição, ao invés de se buscar uma convivência pacífica sob o alicerce da coexistência. "Viver é aprender a viver. Aprender a viver é aprender a conviver. E esta aprendizagem é hesitante. O pêndulo da convivência oscila entre os extremos do ódio e da indiferença e da admiração e do amor. Aprende-se a conviver por entre encontros, encontrões e desencontros" (FERNANDES, 2021, p. 230). Segundo Fernandes, o grande desafio é deixar ser o vigor da identidade que integra dinamicamente diferenças e igualdade (ibid., p. 230). Nessa perspectiva, é muito importante entrar no processo de reconhecimento do outro enquanto outro e enquanto portador do direito de ser diferente. Trata-se de assumir convictamente o caminho processual e o itinerário pedagógico de uma cultura do encontro. "Isso implica o hábito de reconhecer, ao outro, o direito de ser ele próprio e de ser diferente. A partir desse reconhecimento que se tornou cultura, torna-se possível a criação de um pacto social" (FT, 218). É imprescindível reconhecer a importância do pacto social, porque há muitas formas sutis de manchar a imagem do outro, do diferente e, também, de interceptar o projeto de convivência. "O desafio da convivência, aliás, não é só o desafio do diálogo num mesmo mundo compartilhado, num mesmo mundo sociocultural. Num sentido mais amplo, é o desafio do diálogo de mundos (gêneros, etnias, culturas, tradições históricas, humanidades diversas)" (ibid., p. 234). É preciso ter convicção de que o humano se dá na conjuntura do encontro e da abertura para a identidade e diferença, nos encontros e desencontros.

Encontros e desencontros, identidade e diferença constituem a cultura do encontro e da convivência. A cultura é dinâmica. Ela é processo aberto e inacabado. O que não se pode deixar acontecer, no entanto, é a atitude de fechamento ao diálogo e à diversidade cultural. Por isso, para que o sonho de liberdade, igualdade e fraternidade, famoso mote da Revolução Francesa, seja possível e não apenas uma quimera, é importante trazer à baila das discussões e do encontro as culturas diversas e também os diferentes grupos que detêm o poder econômico, político e acadêmico. Igualmente e de maneira nenhuma é admissível o esquecimento dos grupos das periferias e os pobres. Todos precisam ser tomados em conta nesse processo do pacto social. "Um efetivo encontro social coloca em verdadeiro diálogo as grandes formas culturais que representam a maioria da população" (FT, 219). Esse pacto social é muito importante de ser assumido por todas as parcelas da sociedade, para que todas as visões de mundo sejam respeitadas e tomadas em consideração.

Ao ser assumido com convicção e responsabilidade, o pacto social acaba por tornar-se, também, um pacto cultural. "Por conseguinte, um pacto social realista e inclusivo deve ser também um 'pacto cultural', que respeite e assuma as diversas visões de mundo, as culturas e os estilos de vida que coexistem na sociedade" (FT, 219). Isso significa considerar as diversas identidades culturais presentes e atuantes na sociedade local e internacional, tendo como critério a riqueza da diversidade das identidades culturais, sendo as mesmas critério e ponto de aproximação e não de rechaço e confrontos culturais. São diferentes visões de mundo, estilos de vida. Não pode haver intolerância e desprezo perante as diferentes concepções culturais, desde as tradições culturais mais antigas até as concepções mais afinadas à cultura contemporânea. Faz-se emergencial uma base ética de convivência e respeito, sem desprezo e indiferença com nenhuma cultura, especialmente, as culturas mais marginalizadas e os pobres. "Um pacto cultural pressupõe que se renuncie a compreender de maneira monolítica a identidade de um lugar, e exige que se respeite a diversidade, oferecendo-lhe caminhos de promoção e integração social" (FT, 220).

Evidentemente que todo pacto, seja ele social, seja cultural, exige, além de algumas possíveis renúncias, sobretudo culturais, foco decisivo no bem comum. Recorde-se que nenhuma identidade cultural, nenhuma expressão cultural consegue absorver a totalidade das possibilidades. A finitude e a limitação agregadas à beleza e à expressão sociocultural de determinada identidade cultural constituem e caracterizam cada cultura. Não há nenhuma cultura perfeita e completa, e, justamente, por isso, existe a aceitação da finitude de cada cultura. Ao mesmo tempo, a aceitação e a tolerância da diversidade cultural devem ser parte constitutiva e caracterizadora do processo de consolidação do pacto cultural. "É o autêntico reconhecimento do outro, que só o amor torna possível e que significa colocar-se no lugar do outro para descobrir o que há de autêntico ou pelo menos de compreensível no meio das suas motivações e interesses" (FT, 221).

Por fim, cabe ainda acenar para o esforço a ser feito para superar o "vírus letal" do individualismo consumista e da indiferença com o outro que bate e chega à porta. É preciso superar o tão conhecido adágio, "consumo, logo sou". Mais do que nunca, urge assumir um novo estilo e atitude de vida muito mais tangenciados pela generosidade, gratuidade e amabilidade. Superar e vencer a maléfica e tendenciosa concepção diabólica do "salve-se quem puder" é *conditio sine qua non* para uma mudança radical de estilo de vida. Ame mais é uma frase que se tem escutado muito nos últimos tempos. Por isso, o Papa Francisco termina seu sexto capítulo referenciando o cultivo da amabilidade como remédio para ajudar a superar o peso dos problemas, as urgências e as angústias do tempo presente. Segundo ele, a atitude amável não é algo superficial ou um detalhe insignificante, mas, quando ela se torna, paulatinamente, cultura em uma sociedade, acaba por transformar profundamente o estilo de vida, as relações sociais (FT, 224). O amor é gratuidade. O amor é uma escolha de vida. É um modo de ser e de viver. É o caminho da gratuidade e da solidariedade. "A amabilidade é uma libertação da crueldade que às vezes penetra nas relações humanas, na ansiedade que não nos deixa pensar nos outros, da urgência distraída que ignora que os outros também têm direito de ser felizes" (FT, 224). Em última instância, a amabilidade "facilita a busca de consensos e abre caminhos onde a exasperação destrói todas as pontes" (FT, 224).

7. Caminhos de um novo encontro

O sétimo capítulo apresenta basicamente o caminho para o alcance do projeto da fraternidade universal e da amizade social. Sabe-se, entretanto, que sua efetivação não se dá de uma hora para outra e não se dará sem enfrentar e acertar contas com as grandes questões que se passaram ao longo da história. Busca-se, portanto, seguindo o sétimo capítulo da *Fratelli Tutti*, apresentar os principais aspectos trabalhados pelo Papa Francisco, de forma que esses aspectos ajudem a traçar e a trilhar o caminho a seguir. "Em muitas partes do mundo, fazem falta caminhos de paz que levem a curar as feridas, há necessidades de artesãos de paz prontos a gerar, com engenhosidade e ousadia, processos de cura e de um novo encontro" (FT, 225).

O referido capítulo da *Fratelli Tutti* é trabalhado dos parágrafos 225 a 270 e trata de temas muito complexos, e, por assim dizer, também espinhosos, isto é, difíceis: *recomeçar a partir da verdade* (FT, 226-227), *a arquitetura e o artesanato da paz* (FT, 228-232), *sobretudo com os menos favorecidos* (FT, 233-235), *o valor e o significado do perdão* (FT, 236), *o conflito inevitável* (FT, 237-240), *as lutas legítimas e o perdão* (FT, 241-243), *a verdadeira superação* (FT, 244-245), *a memória* (FT, 246-249), *perdão sem esquecimentos* (FT, 250254), *a guerra e a pena de morte* (FT, 255), *a injustiça da guerra* (FT, 256-262), *a pena de morte* (FT, 263-270). Pretende-se, pois, à luz desses temas, trabalhar três itens centrais, a saber: (1) a arquitetura e o artesanato da paz, (2) o perdão e a memória, (3) a injustiça da guerra e a pena de morte.

1. A arquitetura e o artesanato da paz

A arquitetura, *grosso modo*, pode ser definida como a arte e a técnica de organizar espaços e de criar ambientes para abrigar as diferentes formas e tipos de atividades humanas, de acordo com determinados contextos históricos, sociais e geográficos. Essa referida arte é de uma riqueza inominável, pois há espaços geográficos, tempos distintos, pessoas e culturas diversas. A arquitetura aqui involucrada não está restrita à área do saber técnico acadêmico específico, mas, sim, é muito mais abrangente e aberta na perspectiva de que cada pessoa precisa sentir-se um "arquiteto", ou melhor, um artesão da arquitetura, enquanto arte, mas também técnica, porque nesse projeto tão audaz faz-se necessária uma técnica eficiente também, pois não basta apenas boa vontade e reta intenção, não obstante sejam imprescindíveis. O importante não é a homogeneização da sociedade, e, sim, unir forças e trabalhar juntos e todos serem favorecidos. "Perante certo objetivo comum, poder-se-á contribuir com diferentes propostas técnicas, distintas experiências, e trabalhar em prol do bem comum" (FT, 228). Aqui, além de ter claros os problemas, faz-se riquíssimo à convivência a contribuição de cada um com seus dons e suas características.

O ponto de partida irrenunciável do projeto da fraternidade universal, desde o início do envolvimento neste ousado projeto de um novo encontro, é não camuflar a história e não se desviar em nenhum momento e por nenhum motivo da verdade, sobretudo com o que se tem a ver e a prestar contas com o passado. "A verdade é a única força capaz de oferecer uma alternativa à violência" (GUIMARÃES, 2019, p. 218). A memória é uma característica constitutiva de qualquer povo. O passado não se o muda, uma vez acontecido, queira-se ou não. Os acontecimentos sucederam-se. Todavia, o mais importante não é

Fraternidade e amizade social 143

imaginar, ingenuamente, que se pode assumir e superar um caminho de conflitos violentos, muitas vezes, abrindo o flanco para a belicosidade e o poder da força bruta. Não se pode esconder e ocultar a história e a realidade, sejam estas quais forem, onde, quando e com quem tenham acontecido e quem esteja envolvido. Novo caminho não significa voltar no tempo. O que se quer é assumir a história e traçar um novo caminho com os corações em paz e integrados. E não haverá paz e integração de espírito, se não se assumir a realidade "nua e crua" como acontecera e fizera crescer ou sofrer. Lembrando um conceito teológico fundamental no caminho da Revelação de Cristo. A humanidade foi redimida pela encarnação de Jesus Cristo. O que em Cristo foi assumido, foi redimido. Sendo assim, somente será possível um novo encontro no presente com vistas a um futuro mais fraternal, se o passado não vier a ser camuflado e for assumido como tal, se não forem escondidas, evidentemente, as possíveis leituras unilaterais e parciais da história, servindo, na maioria das vezes, o lado mais poderoso e forte em detrimento dos desfavorecidos. Segundo o Papa Francisco, a verdade é companheira inseparável desse projeto de um novo encontro e uma nova cultura. A verdade, entretanto, não é a única companheira de viagem. Ela reclama também suas companheiras fidelíssimas, a saber, a justiça e a misericórdia (FT, 227). Com essas três companheiras inseparáveis dessa nova viagem, tem-se urgência de duas atitudes muito importantes, a fim de não se cair na vingança, e, por consequência, no ciclo vicioso da violência: a reconciliação e o perdão (FT, 227). "O árduo esforço por superar o que nos divide, sem perder a identidade de cada um, pressupõe que em todos permaneça vivo um sentimento fundamental de pertença" (FT, 230). Todos precisam sentir-se verdadeiramente em casa (FT, 230). Ninguém pode sentir-se estranho em sua própria casa e muito menos na

Casa Comum. "A humanidade possui ainda a capacidade de colaborar na construção da nossa Casa Comum" (LS, 13).

O caminho de um novo encontro não se faz a partir de assinaturas de projetos em escritórios. Evidentemente que o compromisso dos chefes de Estado, com assinaturas bilaterais ou multilaterais de projetos focados em uma convivência pacífica e menos competidora e conflitiva, sempre auxiliará e será fundamental. Mas não serão projetos pensados, orquestrados e assinados em escritórios que trarão a mudança de concepção e a respectiva efetivação do sonho da fraternidade universal, e, sim, o auxílio, apoio e a decisão de chefes de Estado e pessoas encarregadas da grande missão. Contudo, a grande e radical mudança precisará, necessariamente, passar pelo coração, pela mente, pelo entendimento de cada cidadão. Cada qual precisará sentir-se um cidadão do mundo. Cada pessoa precisará sentir-se vocacionada a pensar na arquitetura da paz. Dito de outro modo, cada qual precisará sentir-se e ser como que um artesão incansável de paz. A busca pela convivência pacífica não tem trégua, exigindo, para tanto, um esforço contínuo, permanente e incansável de todos (FT, 232). "Existe uma 'arquitetura' da paz, na qual intervêm as várias instituições da sociedade, cada qual dentro de sua competência, mas há também um 'artesanato' da paz, que envolve a todos" (FT, 231).

Outra característica importante de ser notada e assumida é referente à opção fundamental pelos grupos e pessoas mais desfavorecidas. Muitos foram os grupos, as culturas, as comunidades, que, no decorrer da história, foram menosprezados ou não tomados em consideração na configuração dos laços sociais, políticos e econômicos da sociedade. Trata-se, em última análise, de uma dívida forte que a sociedade tem para com tais grupos e culturas, tornando-se, por conseguinte, exigência irrenunciável a aproximação, a escuta e o acolhimento de tais grupos e culturas no caminho de um novo encontro (FT, 233). Os últimos da sociedade precisam ser escutados e acolhidos, porque, muitas vezes, eles, injusta e preconceituosamente, foram ofendidos e maltratados. "Se às vezes os mais pobres e os descartados reagem com atitudes que parecem antissociais, é importante compreender que, em muitos casos, tais reações têm a ver com uma história de desprezo e falta de inclusão social" (FT, 234).

Não é possível acionar e fazer, por assim dizer, "mundos e fundos", se não houver uma autêntica e verdadeira aproximação aos mais desfavorecidos, sofridos e pobres. "Quando se trata de recomeçar, sempre há de ser a partir dos últimos" (FT, 235). Não se pode ter outra opção consciente e justa, senão a de iniciar com e a partir dos pobres. Faz-se condição indispensável a aproximação e a amizade com os pobres para a confecção do projeto fraternal universal. "A opção pelos pobres deve conduzir-nos à amizade com os pobres" (DAp, 398). Como se sabe, a opção não é algo facultativo, arbitrário ou secundário, porque é *conditio sine qua non* do cristianismo, pois, por primeiro, foi o próprio Filho de Deus que assumiu a humanidade, a fragilidade e a pobreza. Não existe, em última análise, discipulado do Mestre, senão a partir da opção fundamental pelos pobres. "Aqueles que pretendem levar a paz a uma sociedade não devem esquecer que a desigualdade e a falta de desenvolvimento humano integral impedem que se gere a paz" (FT, 235).

2. O perdão e a memória

Buscar a confecção de uma cultura de paz não é possível sem o enfrentamento de conflitos que se apresentam, ora mais simples e mais pessoais ou regionais, ora mais complexos e mais abrangentes e envolventes. Sabe-se, contudo, haver condições de contribuir para a superação das várias formas de violência e injustiça. Sendo o conflito muito presente na vida do ser humano e na vida em comunidade, a linguagem dialógica se torna, por excelência, o meio e o caminho privilegiado para a busca da paz. Trata-se de privilegiar um amplo e aberto processo dialógico, reflexivo e crítico. Esse espaço existencial e argumentativo assume uma dupla dimensão. Por um lado, é preciso estar atento, criticar todas as formas de violência na tentativa de buscar critérios de análise e compreensão de como ocorre a produção e a expressão da violência na sociedade, construindo, por sua vez, um sistema capaz de vigilância e de controle desses mecanismos. Por outro lado, precisa-se pensar e efetivar alternativas e possibilidades que se concentrem no planejamento, detalhamento e caracterização de uma agenda e de um projeto de paz arrojado, ainda que seja, em um primeiro momento, enquanto exercício de imaginação utópica.

Nessa perspectiva, será possível olhar a violência e a guerra não mais como a última palavra sobre a realidade, em uma forma de sentença a que todos estão condenados. A paz é mais forte do que a violência. Urge dar à paz contornos mais bem definidos e ousados. A paz não é algo acabado ou um objeto do qual detém-se a posse, como se fosse uma espécie de objeto mercadológico. A paz é muito mais um acontecimento, uma atitude, um comportamento. É um processo com o qual é preciso engajar-se. É um projeto de ação de forma a incluir o corpo social, político e econômico, numa ampla e solidária concepção de paz. Por isso, não se pode mais aceitar passivamente a violência, antes, pelo contrário, é necessário estar atento e deixar-se indignar diante de gestos, atitudes, comportamentos de agressão e violência, sejam eles cometidos por quem e onde for. É compromisso inadiável de cada um e de todos. Trata-se da capacidade de assumir com responsabilidade os conflitos existentes e emergentes, buscando resolvê-los sem causar mais violência. E isso significa assumir com convicção e paixão a educação como possibilidade de instauração da paz. Afinal, cada cidadão é, de um modo ou de outro, um potencial educador e guardião, ou, ainda, um artesão da paz. "A responsabilidade para com o outro homem expressa-se essencialmente pela bondade para com ele. É pela bondade que o homem se torna um artesão da paz [...]" (MULLER, 2007, p. 65). Para tanto, cada um precisará assumir com convicção que trabalhar pela paz e pela convivência fraterna e cidadã exige engajamento, esforço, sacrifício, compromisso no combate ao ódio, aos maniqueísmos, à intolerância e à ideia de inimigo, ao medo, aos fundamentalismos, às mentiras, à corrupção, à dominação.

Como afirmou-se anteriormente, não obstante seja muito comum haver confrontos e tensões entre pessoas, entre grupos, entre culturas, e, também, muitas vezes, entre países, torna-se imprescindível falar de reconciliação e perdão diante de tantos embates que acabaram por gerar mais conflitos, mais violência, mais ressentimentos e mais marcas de ódio e motivação para a violência. Não se pode simplesmente aceitar a naturalização tanto do conflito como da violência, mas, de outra parte, não é possível deixar-se cair na ingenuidade de que a paz seria natural e de que as mágoas, as feridas, os ressentimentos, as marcas da violência se apagam espontânea e naturalmente. Da mesma forma, não se pode fazer de conta que a reconciliação e o perdão sejam características, simplesmente, ou de fraqueza ou de força, ou, então, de bondade generosa, ou, ainda, de heroísmo e de sofrimento pedagógico. Não se pode tomar o perdão e a reconciliação como formas de funcionamento dos denominados "bodes expiatórios", para o bom funcionamento das sociedades. Entre outros problemas, no caso específico do "bode expiatório", existe a questão de que ele precisa ficar escondido, ser enviado ao deserto ou a um lugar, preferencialmente, de difícil acesso, para que ninguém se preocupe com ele. Não se trata, portanto, aqui, de perdão e muitos menos de reconciliação, mas de descarga de consciência (GIRARD, 2004).

Perdão e reconciliação são temas importantíssimos no cristianismo. E constituem-se em atitudes de conversão radical, quando tomados com profundidade e centralidade, sem cair em possíveis ou fatalismos ou intolerâncias e violência (FT, 237). São inúmeras as passagens, especialmente, no Novo Testamento, em que os comportamentos e as atitudes de perdão e reconciliação são extremamente revolucionários e libertadores. O Papa Francisco toma uma série de textos do Novo Testamento, especialmente, do Evangelho de Jesus Cristo, segundo São Mateus, para atestar a tese de que Jesus nunca fomentou a violência e a intolerância, e sim, sempre, o perdão e a libertação das pessoas de suas amarras (FT, 239).

Não se trata aqui de analisar e interpretar os textos aventados pelo papa, quer-se, de maneira breve, a irrenunciabilidade do perdão e da reconciliação para o novo caminho do encontro. Lucas, de modo admirável, narra como Jesus, humilhado sobre a cruz, foi capaz de perdoar seus algozes. "Pai, perdoa-lhes: eles não sabem o que fazem" (Lc 23,34). Segundo Guimarães, essa pequena oração de Jesus é muito importante de ser notada, porque acaba por dar ao ser humano e à humanidade toda muita esperança. "Se um homem, no meio das torturas mais severas, é capaz de perdoar seus algozes, é sinal de que não estamos condenados à violência" (GUIMARÃES, 2019, p. 219). Diferentemente das tragédias gregas, nas quais os personagens acabavam por realizar o que um roteiro já previa, ou seja, um destino já estava traçado, o perdão de Jesus mostra, por sua vez, que a violência não é um destino inevitável do qual não se pode fugir. Há uma mudança radical na atitude de

Jesus, isto é, "[...] o perdão de Jesus a seus algozes muda para sempre as relações entre as pessoas, especialmente entre as vítimas e aqueles que cometem violência" (ibid., p. 219).

Seguindo o raciocínio da reconciliação e do perdão, não se trata de propor um perdão que seja renúncia aos próprios direitos, perante pessoas que tenham poder e que possam ter manchado a imagem e dignidade de alguém. Perdoar não significa deixar-se oprimir e pisar pelos outros. Todos precisam ter seus direitos respeitados e respaldados em uma sociedade justa. Se alguém fora desrespeitado, é merecedor de reivindicar a observância de seus direitos e de sua dignidade humana. O desrespeito e a violência não se resolvem com a mesma lógica da violência. "Para aqueles que são vítimas da violência, é possível ir além do círculo da mimese, de retribuir o mal recebido, pelo menos com a mesma intensidade e proporção. Neste caso, remoendo a vingança e a revanche, a vítima permanece sempre a vítima da violência, porque sujeita à sua lógica" (GUIMARÃES, 2019, p. 219). É preciso cortar a espiral da violência e seu poder de sedução. A lógica da retribuição não cura os males, porque ela se atém justamente na retribuição e não busca da transformação da pessoa e da sociedade, uma vez que estas permanecem presas à mesquinhez do passado (ibid., p. 22). Por sua vez, o perdão e a reconciliação possibilitam e oferecem uma nova energia, capaz de trazer um novo sentido à vida, esgotada pela violência e pela injustiça, quando permanece presa e atrelada à lógica tacanha da violência de retribuição. "Sim, porque a violência fascina e atrai os homens numa ilusão sem fim; só o amor aos inimigos é capaz de anular essa capacidade de atração e de dar ao homem força verdadeira e única, a força do amor" (ibid., p. 219). Viver em uma sociedade justa, digna e respeitosa, para com todos, não é tarefa fácil e repentina. Assumir um caminho de reconciliação e perdão, ao invés da violência, é exigente. "Para aqueles que cometem violência, o perdão abre também um caminho para recuperar sua dignidade humana" (ibid., p. 219). Por isso, enfrentar essa situação, sem negligenciar e camuflar as hostilidades, as injustiças, as desconfianças e as marcas deixadas pelos conflitos, não é tarefa fácil (FT, 243). Exige-se, por conseguinte, trabalho atento, perseverante e cuidadoso, para que não se cometam injustiças e não se crie uma concepção de perseguição e de "agraciados" e "amaldiçoados".

Não se pode mais aceitar o incentivo e o fomento de sociedades com grupos e pessoas privilegiados e desfavorecidos (FT, 242). Não ao fomento do ódio e da vingança (FT, 242). Sendo assim, não se pode dizer sim a uma sociedade da aparência e do "fazer de contas" que enfrenta seus problemas e tensões. Não há conflito posto "por debaixo do tapete" que não aflore e traga suas complicações, dificuldades e estragos. É tarefa urgente assumir a vida de uma sociedade com coragem e perseverança na resolução dos conflitos que lhe são intrínsecos, sem menosprezá-los e desconsiderá-los. "Quando os conflitos não se resolvem, mas se escondem ou são enterrados no passado, surgem silêncios que podem significar tornar-se cúmplice de graves erros e pecados" (FT, 244). O mal não pode ser desprezado, negligenciado e vencido com a vingança. Vence-se o mal somente com o bem (FT, 243). Trata-se, basicamente, do cultivo de atitudes, hábitos e virtudes que promovem a reconciliação, o perdão, a solidariedade e a paz (FT, 243), sem fechar os olhos para os conflitos e tensões. "A verdadeira reconciliação não escapa do conflito, mas alcança-se *dentro* do conflito, superando-o através do diálogo e de negociações transparentes, sinceras e pacientes" (FT, 244: grifo do autor). Precisa-se ter diante de si a ideia de que não há contenda sem resolução e que seja impossível de enfrentar. O princípio de que a unidade é superior ao conflito (EG, 228) é imprescindível para o movimento de enfrentamento e superação de qualquer tensão possível. Tal princípio se torna indispensável para construir e tecer o tecido da amizade social.

É claro que o perdão e a reconciliação são atos e atitudes muito mais de esfera e dimensão pessoal, embora, também, se deva fomentá-los na esfera de todo o tecido social. Sem sombra de dúvida, há pessoas que têm muito mais capacidade de perdoar e de reconciliar-se, e, por outro lado, há também as que têm mais dificuldades de fazer isso. O que, porém, não é pedagógico é aceitar a tese de que perdão e reconciliação permanecem, pura e simplesmente, na esfera da espontaneidade e da bondade desta ou daquela pessoa e tudo ficaria bem e avalizado. Sem desrespeitar os dons de referidas pessoas, faz-se questão de fortalecer estratégicas formativas e educativas para que a lógica da vingança não impere nas relações, a fim de se promover uma sociedade mais integrada e fortalecida nos vínculos da amizade social. "A reconciliação é um fato pessoal, e ninguém pode impô-la ao conjunto de uma sociedade, embora a deva promover" (FT, 246). Por isso, por um lado, segundo o Papa Francisco, mesmo que a sociedade inteira queira e exija punição ante um determinado ato cometido, alguém, em seu âmbito estritamente pessoal, com uma decisão livre e generosa, pode renunciar a um castigo ao algoz (FT, 246). Da mesma forma, não é possível fechar conflitos, fechar feridas abertas com decretos. "Mas não é possível decretar uma 'reconciliação geral', pretendendo fechar por decreto as feridas ou cobrir as injustiças com um manto de esquecimento" (FT, 246). Eis, portanto, a árdua tarefa de educar para o perdão e para a reconciliação, superando a lógica da reprodução do círculo vicioso da violência, sem, no entanto, propor o esquecimento como fórmula de superação dos conflitos e confrontos belicosos (FT,

246). "O perdão não é fruto de uma inclinação, não está enraizado num sentimento, mas numa decisão da vontade" (MULLER, 2007, p. 76). O perdão não perde a memória do passado, mas orienta-se para o futuro. "O perdão não destrói a recordação, mas é uma aposta no futuro. Pode-se perder a aposta, mas nem por isso seu sentido se perde" (ibid., p. 76). O perdão, na verdade, é incondicional. É sem garantias. Perdoar não é recusar a justiça. Pelo contrário, trata-se de abrir o caminho da justiça.

> O dever do perdão situa-se no próprio núcleo da exigência de não violência. Efetivamente, perdoar será sempre perdoar uma violência. Perdoar é decidir unilateralmente romper a cadeia interminável das violências que se justificam umas às outras, é recusar continuar indefinidamente a guerra, é querer fazer a paz com os outros, como consigo mesmo. Na verdade, aquele que só pensa em se vingar nunca está em paz. Perdoar significa pacificar o próprio futuro, recusando-se a continuar prisioneiro de um ciclo perpétuo de violências. A vingança torna a vida realmente impossível e a morte bem provável (ibid., pp. 76-77).

Outro ponto de extrema relevância para o caminho do perdão e da reconciliação é a memória. A memória está ligada e é condição necessária da justiça. "O esquecimento nunca é real nem total na violência, já que ele sobrevive recalcado na subjetividade humana e no imaginário social, contribuindo para a replicação da violência como um valor social natural" (RUÍZ, 2021, p. 75). A memória tem uma importância de neutralização e quebra da espiral de violência. "A memória das vítimas contribui para neutralizar o potencial mimético da violência; expondo a sua crueldade, desconstrói a sua naturalização e evita que se normalize como valor social e cultural" (ibid., p. 75).

Nessa perspectiva, o Papa Francisco faz questão de recordar, sobretudo, de três acontecimentos impactantes e vergonhosos, que precisam ser lembrados e não esquecidos. "A *Shoah* não deve ser esquecida" (FT, 247: grifo do autor). É o símbolo da maldade humana. Não é possível esquecer esse horror a que fora capaz de submeter-se a própria humanidade. "Não se pode esquecer os bombardeamentos atômicos de Hiroshima e Nagasaki" (FT, 248). Quantas vítimas dizimadas sem dó nem piedade. "Também não devemos esquecer as perseguições, o comércio dos escravos e os massacres étnicos que se verificaram e verificam em vários países, e tantos outros fatos históricos que nos envergonham por sermos humanos" (FT, 248). Entre outros, esses três acontecimentos vergonhosos e horríveis não podem ser esquecidos na memória da humanidade. Devem ser incansavelmente recordados (FT, 248). Não é possível virar a página da história.

É imperativo manter viva a memória da consciência coletiva. Não se pode absolutamente aceitar ideias de esquecimento e apagão geral das vergonhas, atrocidades cometidas, crimes horrendos, e, tampouco, a memória das vítimas, porque, sempre de novo, se está na iminência de viver essas barbaridades (FT, 249). "Por isso não me refiro só à memória dos homens, mas também à recordação daqueles que, em meio a um contexto envenenado e corrupto, foram capazes de recuperar a dignidade e, com pequenos ou grandes gestos, optaram pela solidariedade, o perdão, a fraternidade" (FT, 249). Segundo Ruíz, a memória das vítimas é extremamente necessária, porque, normalmente, a memória dos violentos tende a ocultar os efeitos da violência sobre a vida humana, legitimando-a socialmente (ibid., p. 77). "O lado sombrio da violência, revelado pela memória das vítimas, traz consigo um novo imperativo histórico: a urgência ética de neutralizar os dispositivos naturalistas da violência" (ibid., p. 77). E, nesse sentido, a memória das vítimas instiga a justiça num duplo sentido. Primeiro, porque realiza uma justiça histórica, ao evitar o esquecimento da injustiça cometida. Segundo, porque a memória diz respeito à restauração da injustiça cometida (ibid., p. 77). "Só a memória da injustiça possibilita a restauração, dentro do possível, do mal cometido contra as vítimas. Sem a memória, o esquecimento reduz a justiça à ficção da igualdade formal num suposto ponto zero do presente, como se o passado da injustiça não estivesse vivo no presente" (ibid., p. 77).

Pode-se afirmar ser o perdão um dom do alto e uma contínua busca perseverante do ser humano. "O perdão livre e sincero é uma grandeza que reflete a imensidão do perdão divino" (FT, 250). Perdão é gratuidade, embora não signifique esquecimento. "Se o perdão é gratuito, então se pode perdoar até a quem tem dificuldade de se arrepender e é incapaz de pedir perdão" (FT, 250). Perdão e reconciliação quebram o ciclo vicioso e maléfico da vingança e da retribuição. Impedem o avanço das forças da destruição, porque a energia da fúria vingativa intoxica a vida das pessoas ao redor e, também, de todo o tecido social e cultural. Logo: "Aqueles que perdoam de verdade não esquecem, mas renunciam a deixar-se dominar pela mesma força destruidora que os feriu" (FT, 251). Perdão e reconciliação, enquanto dom e tarefa, são imprescindíveis para uma sociedade sadia e justa, porque rompem esse ciclo de vingança e violência, uma vez que: "A violência nunca é um ato pontual, ela desencadeia um potencial mimético que contamina os valores sociais e as reações humanas, a ponto de constituir o que podemos denominar de uma cultura da violência" (ibid., p. 75). Dito de outro modo, perdão e reconciliação não são impunidade, antes, pelo contrário, são atitudes de quem tem ciência de que a vingança não resolve nada (FT,

251) e de que, agindo assim, dar-se-à mais facilmente a busca pela justiça enquanto tal, pois essa busca acontecerá por amor à própria justiça, por respeito às vítimas, para se evitar novos crimes, tendo em vista preservar o bem comum (FT, 252). Por isso, para o Papa Francisco: "O perdão é precisamente o que permite buscar a justiça sem cair no círculo vicioso da vingança, nem na injustiça do esquecimento" (FT, 252).

3. A injustiça da guerra e a pena de morte

O projeto de fraternidade universal e amizade social não nasce e não se desenvolve sem entrar em discussão, direta ou mesmo indiretamente, com o conceito de paz e guerra. Outro tema de extrema importância que precisa ser tomado em consideração é o da pena de morte. Esses dois conceitos, tomados, muitas vezes, como resoluções dramáticas para determinadas circunstâncias, ao invés de ser solução, são, na verdade, o fracasso da humanidade enquanto tal e acabam por acrescentar novos fatores de destruição ao tecido social, seja em nível nacional, seja em nível internacional (FT, 255).

Aqui não é o lugar para uma discussão mais aprofundada sobre o tema dos estudos de paz e guerra, mas quer-se, ao menos, trazer algumas considerações gerais acerca dos conceitos *irenologia* e *polemologia*, a fim de ampliar o leque da compreensão. Em um primeiro momento, antes de discutir propriamente, a partir da *Fratelli Tutti*, a questão da injustiça da guerra, trazem-se algumas breves considerações, publicadas no *Dicionário de Cultura de Paz*, publicado em 2021, sobre o verbete irenologia, para, em seguida, entrarmos na questão da encíclica sobre fraternidade e amizade social. Irenologia, ou ciência da paz, é um vocábulo que surge do neologismo *Eirene* ou *Irene*, que, na mitologia grega, era a deusa da paz. *Irene* fazia parte da Horas ou *Horae*, deusas gregas que representavam as estações do ano e a justiça natural. Era considerada, também, passageira e temporária. E *logos* significa estudo, tratado. Entendendo-se, por conseguinte, irenologia como a ciência que estuda a paz. A ciência denominada irenologia busca concentrar esforços na compreensão das causas dos conflitos e das guerras, a fim de compreender mais e melhor a temática da paz nas diferentes culturas e demandas históricas. Irenologia é, pois, uma definição relativamente nova, enquanto conceito de estudo sistemático e ordenado, tendo surgido e se desenvolvido como organização de pesquisa, especialmente, após a Segunda Guerra Mundial, não obstante, possa-se afirmar, sem sombra de dúvida, que os conceitos *Eirene* ou *Irene* e *pax* já fossem utilizados, respectivamente, pelos gregos e pelos romanos (NODARI; SANTOS, 2021, p. 53).

Colado ao conceito de irenologia está o de polemologia. *Pólemo*, na mitologia grega, personificava a guerra, em um sentido geral, qualquer tipo de guerra, fosse ela em território interno ou externo. Sem entrar em muitos detalhes, Heráclito descreve *Pólemo* como o "rei de tudo", com capacidade de trazer tudo à existência ou também de aniquilar tudo. Heidegger, ao interpretar *Pólemo* de Heráclito, considera-o como uma espécie de princípio de diferenciação ou de separação. Em todo caso, polemologia é o estudo sistemático e organizado das guerras e de seus efeitos, com suas causas, formas, funções. O termo foi proposto pelo economista francês, Gaston Bouthoul (1896-1980), em seu livro intitulado: *Cent millions de morts*. A polemologia é definida como um ramo de estudo no campo das ciências políticas que pressupõe a tese de que é possível e razoável aceitar entender os conflitos e as guerras não simplesmente como fenômenos naturais inevitáveis, mas como passíveis de estudo, e, por conseguinte, de abandono, a depender da disposição e da boa vontade de estudo, de diálogo, de escuta dos envolvidos, e, enfim, por meio da utilização de mecanismos jurídicos de regulação da relação entre povos e Estados. Na história da polemologia, segundo Gaston Bouthoul, aceita-se a ideia de que são estudos multidisciplinares desafiantes que determinam o recurso a múltiplas áreas das ciências sociais, com a pretensão de compreender o fenômeno sociocultural da guerra, seus ciclos, suas funções e formas de resolução, ou então, dito de forma mais simples, seria uma tentativa de estudar a guerra para ir preparando a paz (ibid., p. 53).

A irenologia, ciência da paz, é umas das áreas que constitui os estudos de segurança, tal como a polemologia, que tem como objeto o estudo dos conflitos armados, com a finalidade de os moderar, prevenir ou reduzir, isto é, tem como postulado-base que as guerras constituem uma patologia social que precisa ser estudada, e, quem sabe, erradicada, ainda que se possa afirmar ser a guerra tão antiga quanto o próprio ser humano. Ela é definida por G. J. Starke (1968) como o corpo de teorias, conceitos, hipóteses, princípios, generalizações, leis gerais, deduções e proposições formuladas sobre o tema da paz, dirigido a identificar forças e condições que, desde uma perspectiva positiva, de um lado, ajuda na manutenção de um regime pacífico, e, desde a ótica negativa, de outro lado, pode ser destruidor do mesmo. Como se pode constatar, desde já, tanto a guerra como a paz não podem ser definidas como naturais. Assim, segundo Michael Howard: "a paz não é para a humanidade uma ordem natural: é artificial, delicada e extremamente instável" (HOWARD, 2004, p. 14). Portanto, se a guerra está profundamente ligada à atividade humana e ao que é exclusivo do ser humano, a paz não pode ser tida como um objetivo simples, fácil, circunstancial ou extemporâneo. A busca pela superação dos conflitos bélicos e a educação para a cultura de paz exigem esforços contínuos, múltiplos e progressivos, porque a proposição da paz, alicerçada sobre a justiça, requer muitíssimo mais do que a ausência de conflitos bélicos e de formas de violência, seja esta direta, estrutural ou cultural (NODARI; SANTOS, 2021, p. 54). Johan Galtung, norueguês, uma das lideranças mais notáveis na busca pelo desarmamento mundial e fundador do Stockholm International Peace Research Institute, em 1966, e, em 1964 (GUIMARÃES, 2005, p. 62), idealizador e incentivador da publicação do *Journal of Peace Research*, pressupõe que a paz seja, também, a condição para que os conflitos possam ser transformados criativamente e de forma não violenta, isto é, cria-se a paz na medida em que é possível transformar os conflitos em cooperação, de forma positiva e criadora, reconhecendo os opositores e aplicando uma metodologia de diálogo (NODARI; SANTOS, 2021, p. 54).

A tese fundamental é de que as culturas e as estruturas violentas não podem ser solucionadas mediante a agressão, pois a mesma levaria a novas estruturas hostis, e, ademais, reforçaria a estrutura e a espiral de violência. A forma de romper esse círculo vicioso é antepor uma cultura e uma estrutura de paz, na qual haja mecanismos e meios para dissolver e resolver os conflitos por vias e meios não violentos (GALTUNG, 1996).

Tem-se, portanto, presente dois aspectos a respeito dessa forma de romper o ciclo da violência, a saber, o fomento de uma cultura de paz e a valorização não apenas do resultado final, mas, sim, do processo como um todo.

A cultura de paz é bem recente, e remonta, sobremaneira, ao século XX, com a criação da Organização das Nações Unidas para a Educação, Ciência e Cultura (UNESCO), em 16 de novembro de 1945. "A palavra cultura aqui significa os valores, as visões de mundo, historicamente enraizados e socialmente transmitidos, que determinam as relações, os hábitos, as instituições, o conhecimento, as crenças, enfim, o comportamento de um grupo" (GUIMARÃES, 2019, p. 364). E, nesse sentido, por cultura de paz entende-se não um projeto sem efetividade em um tecido social ou agrupamento humano, mas "[...] quer-se significar a necessária ancoragem da paz em um agrupamento humano: ela não pode ser superficial como um verniz, mas deve ser profundamente enraizada em seus modos de viver" (ibid., p. 365). Noutras palavras, uma paz que não seja uma simples assinatura de acordo, um tratado de paz, mas, em última análise, que se misture e entre na própria marcha da civilização humana. Assim, é importante lembrar que, em toda ação pela paz, o que vale não é apenas o resultado final. Sem dúvida, o resultado é importante, mas, imprescindível, é o processo que a cultura de paz desencadeia. "Ao contrário, o processo desta ação tem uma importância decisiva. A maneira pela qual a realizamos é o sinal que nos indica se teremos sucesso ou não; o método que usamos é em si mesmo portador do que queremos alcançar!" (ibid., p. 359).

Feitas as observações anteriores, a seguir, busca-se, com o Papa Francisco, defender a posição de que a guerra não é um caminho de bons resultados. O papa inicia a discussão do item sobre a injustiça da guerra com um provérbio bíblico. "É falso o coração dos que tramam o mal; aos que promovem a paz, acompanha-os a alegria" (Pr 12,20). De fato, a guerra é um caminho fadado ao fracasso, caminho de destruição das possibilidades de mediação e negociação, bem como do predomínio da força de poder em detrimento das condições do Estado de direito. Passa-se da força do direito para o direito da força. Longe de ser solução para algo, é a destruição das condições de convivência harmoniosa, alicerçada sobre o direito. Aliás, a *Fratelli Tutti* chega a declarar que a guerra é sempre um fracasso e deixa o mundo pior do que o encontrou (FT, 261). "A guerra é um fracasso da política e da humanidade, uma rendição vergonhosa, uma derrota diante das forças do mal" (FT, 261). O que preocupa é que a guerra, longe de ser um fantasma do passado, está sempre à espreita e permeia as relações da humanidade, ou seja, ela ameaça a humanidade. "Assim, o fantasma enganador da guerra voltou a aparecer" (FT, 260).

Infelizmente, nos últimos anos, tem-se percebido e constatado que existem muitas condições para a proliferação de guerras. Em muitas partes do mundo, há turbulências e tensões que acabam por deixar mais tenso o ambiente, tornando-o propício para o enfrentamento e a guerra, justamente em uma época de grandes inovações, bem como de desenvolvimento científico e tecnológico admiráveis. "A questão é que, a partir do desenvolvimento das armas nucleares, químicas e biológicas e das enormes e crescentes possibilidades que oferecem as novas tecnologias, conferiu-se à guerra um poder destrutivo incontrolável, que atinge muitos civis e inocentes" (FT, 258). O problema é que não se sabe se a humanidade utilizará tanto poder para o bem ou para a autodestruição (LS, 104). Trata-se do paradoxo, isto é, por um lado, tem-se um avanço tecnológico exponencial, porém, por outro, a própria possibilidade de autodestruição de toda a humanidade por meio de guerras e das poderosas armas criadas pela indústria de armamento. "Jamais, antes, a humanidade teve que se comprometer, além dos particularismos étnicos, a buscar uma solução global" (ibid., p. 372).

Nesse sentido, segundo o Papa Francisco, ainda que o tema da guerra justa tenha sido muito presente na história da civilização humana, hoje, é muito difícil aceitar as possibilidades de argumentação de uma possível "guerra justa" (FT, 258). O Papa São João XXIII já dizia na *Pacem in Terris*, acerca da urgência da superação do espírito de competição bélica e da guerra e pela busca da paz. A busca da paz só pode trazer bons frutos para todos. "A este propósito ecoa ainda e vibra em nossos ouvidos este aviso sonoro do nosso predecessor Pio XII: 'Nada se perde com a paz, mas tudo pode ser perdido com a guerra'" (PT, 116).

Faz-se urgente uma palavra clara e objetiva a respeito da renúncia da guerra. A guerra não se justifica, ainda que a própria Igreja Católica tenha se proposto a pensar e a considerar a possibilidade de legítima defesa por meio da força militar, supondo-se, evidentemente, o preenchimento de algumas condições morais para tal comportamento (CIC, 2309). Não obstante se possam encontrar argumentos para a legitimidade moral e jurídica de tal posicionamento, o Papa Francisco se opõe determinantemente contra a guerra. Para tanto, é preciso decididamente dizer não à guerra e lutar contra todo tipo de argumentação legítima a respeito da produção de armas, sejam elas nucleares, químicas ou biológicas. Não se pode mais titubear a respeito, pois, com as novas tecnologias, confere-se e dá-se à guerra um poder de destruição incontrolável (FT, 258). Por um lado, é inaceitável a ideia de que as armas e os aparatos de segurança seriam a solução e o procedimento correto para combater o espírito generalizado do medo e da insegurança. E, por outro, não se pode aceitar e suportar a tese de que a indústria bélica precisa receber tantos investimentos e prioridades, enquanto, em muitos países, há cada vez mais gente morrendo de fome por conta da miséria e da destruição de projetos humanitários. Veja-se, por exemplo, sobre a fome, segundo os dados da Organização das Nações Unidas para a Alimentação e Agricultura, em 2010, aproximadamente 925 milhões de pessoas, ante 1.023 milhão, em 2009, eram subalimentadas. Assim, quase um bilhão de seres humanos padecem de fome permanentemente (ZIEGLER, 2013, p. 33). "Dolorosa é a morte pela fome. A agonia é longa e provoca sofrimentos insuportáveis. Ela destrói lentamente o corpo, mas também o psiquismo. A angústia, o desespero e um sentimento de solidão e de abandono acompanham a decadência física" (ibid., p. 32). Com tanto dinheiro e tanta comida, como pode-se aceitar haver tanta gente passando fome e estar subalimentada. Eis uma vergonha escandalosa e impossível de ser escondida.

Na *Populorum Progressio*, afirmava São Paulo VI: "O que é válido para a luta imediata contra a miséria vale também no que respeita ao desenvolvimento. Só uma colaboração mundial, de que um fundo comum seria, ao mesmo tempo, símbolo e instrumento, permitiria superar as rivalidades estéreis e estabelecer um diálogo fecundo e pacífico entre todos os povos" (PP, 51). Para tanto, é fundamental dar atenção ao domínio do direito e ao recurso incansável das mediações e das negociações. O Papa Francisco afirma a respeito do esforço para evitar a guerra: "Para isso, é preciso garantir o domínio incontestável do direito e o recurso incansável às negociações, aos mediadores e à arbitragem, como é proposto pela Carta das Nações Unidas, verdadeira norma jurídica fundamental" (FT, 257). Portanto, mais do que nunca, é imprescindível todos assumirem com coragem e convicção ser artífices da paz. Porém, é preciso, também, um envolvimento de todas as nações.

O Papa Francisco, em 2017, em mensagem à ONU, corajosamente, posiciona-se a favor da proibição das armas nucleares. Ele defende a tese do fim da produção de armas nucleares. É urgente dar um basta aos investimentos da sofisticadíssima indústria de produção bélica, de forma que isso se torne um imperativo moral e humanitário (FT, 262), sendo assumido por todas as nações, a fim de que reine a confiança entre todos, a ponto de priorizar-se o bem comum de toda a humanidade e não os interesses esdrúxulos e velados dos mais poderosos (FT, 262). Trata-se de "[...] acabar de vez com a fome e para o desenvolvimento dos países mais pobres, a fim de que os seus habitantes não recorram a soluções violentas ou enganadoras, nem precisem abandonar os seus países à procura de uma vida mais digna" (FT, 262). Nesse sentido, segundo Guimarães, a questão do desenvolvimento sustentável está intimamente associada à questão da paz duradoura. "A paz que nós queremos não pode ser apenas o intervalo entre duas guerras: uma aparência de paz. Deve ser uma paz estável, capaz de se sustentar em meio a todas as tensões da sociedade internacional" (GUIMARÃES, 2019, p. 412).

O não à guerra, por conseguinte, caracteriza-se como um passo muito importante para o projeto de fraternidade universal e amizade social. Outro ponto muito importante para evitar danos ao tecido social é a pena de morte. É uma maneira de eliminar o outro, o indesejado, o incomodativo. Não se trata de aceitar o erro ou a barbaridade cometida por alguém. Trata-se de preservar a vida como valor inviolável e inegociável. Condena-se e abomina-se todo gesto que vai contra o valor da vida, seja de quem for. Dizer não ao gesto ou ao ato não significa dizer sim e simplesmente tolerar ou deixar impune quem tenha cometido uma atitude abominável. O que se quer é dar condições para que o indivíduo que agiu e atentou contra alguém – o que não significa senão atentar contra a humanidade na vida – possa assumir a responsabilidade por sua atitude e ação e que, assim, por um lado, sofra a penalização da justiça, e, por outro, cumpra os passos da pena, sendo capaz e possível o seu arrependimento, sua reconciliação e sua transformação de vida. São João Paulo II, na Carta encíclica *Evangelium Vitae*, declara ser a vida humana um valor inviolável. A *Evangelium Vitae* "[...] quer ser uma *reafirmação precisa e firme do valor da vida humana e da sua inviolabilidade,* e, conjuntamente, um ardente apelo dirigido em nome de Deus a todos e cada um:

respeita, defende, ama e serve a vida, cada vida humana!" (EV, 5: grifos do autor). Tão somente por esse caminho é possível encontrar justiça, progresso, verdadeira liberdade, paz e felicidade (EV, 5). Para o Papa Francisco, a pena de morte precisa ser superada e abolida em todo o mundo. A pena de morte é inadmissível (FT, 263).

Dizer não à pena de morte não significa aceitar a impunidade. Todo delito causa dano, e este precisa ter e receber a responsabilização do gesto ou atitude. Em se vivendo com outras pessoas, há sempre a possibilidade de se cometer uma infração contra alguém. Mas, mesmo assim, não se pode aceitar que alguém, eventualmente, lesado por outrem, tenha o direito de fazer justiça com as próprias mãos, tendo em conta seus próprios critérios de justiça (Rm 12,19). A autoridade pública e legítima deve existir e precisa aplicar a justiça àqueles que praticam o mal (Rm 13,4; 1Pd 2,14), sendo aplicada a sentença de acordo o grau de gravidade do crime (FT, 264). Segundo o *Compêndio da Doutrina Social da Igreja*: *"Para tutelar o bem comum, a legítima autoridade pública deve exercitar o direito e o dever de infligir penas proporcionadas à gravidade dos delitos"* (CDSI, 402: grifos do autor). A respeito da pena, afirma ainda o documento: "A finalidade à qual tender, é dúplice: de um lado *favorecer a reinserção das pessoas condenadas*; de outro lado *promover uma justiça reconciliadora*, capaz de restaurar as relações de convivência harmoniosa quebrantadas pelo ato criminoso" (CDSI, 403: grifos do autor). No caso específico da pena de morte, ela se constitui em uma condenação horrenda, porque acaba não dando chances e possibilidades para a reabilitação e tampouco para a transformação e mudança de vida.

Ser contra a pena de morte não significa o esforço de livrar dela não apenas os possíveis inocentes, mas a todos. A condenação à pena de morte não pode ser nunca a única oportunidade e forma de condenação expiatória para uma espécie de catarse coletiva cíclica. "Os medos e os rancores levam facilmente a entender as penas de maneira vingativa, se não cruel, em vez de as considerar como parte de um processo de cura e reinserção na sociedade" (FT, 266). Não é possível imaginar e aceitar, em pleno final do primeiro quartel do século XXI, não haver outra forma, outro meio para defender a vida de outras pessoas do agressor injusto (FT, 267). A pena de morte é ainda mais abominável, porque pode caracterizar-se como forma deliberada e legitimada, pelo Estado, de homicídio (FT, 267). É importante condenar e abolir a pena de morte, porque, subjacente a tal posicionamento, podem advir muitas desculpas para a condenação, tais como, segundo o Papa Francisco: "[...] a possibilidade da existência de erro judicial e o uso que dela fazem os regimes totalitários e ditatoriais, que a utilizam como instrumento de supressão da dissidência política ou perseguição das minorias religiosas culturais, todas vítimas que, para as suas respectivas legislações, são 'criminosos'" (FT, 268). Por isso, na perspectiva da *Fratelli Tutti*, todos os cristãos e homens de boa vontade precisam lutar contra a pena de morte, seja ela legal ou ilegal, contra a prisão perpétua e contra todas as formas de condenação que não respeitam a dignidade humana e não dão condições razoáveis para a recuperação de vida (FT, 268). E isso deve ser levado seriamente em conta, porque, segundo a *Evangelium Vitae*: "*Nem sequer o homicida perde a sua dignidade pessoal* e o próprio Deus se constitui seu garante" (EV, 9: grifos do autor). Nesse sentido, afirma-se no final do sétimo capítulo da *Fratelli Tutti*: "A rejeição firme da pena de morte mostra até que ponto é possível reconhecer a dignidade inalienável de todo ser humano e aceitar que tenha um lugar neste mundo" (FT, 269).

Por fim, cabe ainda salientar que o Papa Francisco convoca os cristãos a não hesitarem em tomar o caminho da cultura de paz. Na Sagrada Escritura, tanto no Antigo como no Novo Testamento, há continuamente o convite e a convocação para andar no caminho da paz e da não violência (FT, 270). Promover a cultura de paz não se resume à atitude de ser contrário à violência e à guerra, mas exprime tudo o que traz plenitude ao ser humano. A promoção da cultura de paz é um imperativo para o ser humano. Trata-se de um processo em curso, mais que de um objetivo a atingir (GUIMARÃES, 2019, p. 369). "Sob o título 'Educação para a paz', podemos compreender um conjunto de capacidades, de atitudes e de conhecimentos a aprender para percorrer os caminhos que vão da cultura da violência para uma cultura de paz!" (ibid., p. 372). Esta pode, brevemente, ser resumida, segundo Guimarães, em três atitudes: aprender a viver em harmonia uns com os outros, aprender a se colocar em acordo, aprender a agir pela paz (ibid., pp. 372-373).

8. As religiões a serviço da fraternidade no mundo

O oitavo e último capítulo da *Fratelli Tutti* trata do tema das religiões e da sua importância imprescindível para a constituição de uma nova cultura. Não é possível imaginar e pensar um projeto de fraternidade universal e de amizade social sem a presença e a participação das religiões. O capítulo trabalha a temática dos parágrafos 271 ao 287. "As várias religiões, ao partir do reconhecimento do valor de cada pessoa humana como criatura chamada a ser filho ou filha de Deus, oferecem uma preciosa contribuição para a construção da fraternidade e a defesa da justiça na sociedade" (FT, 271). Não poderia ser diferente, ou seja, não é possível o projeto de uma nova cultura proposta pelo Papa Francisco sem o testemunho de pessoas de fé e a participação das religiões, afinal, como o pontífice declara no início da *Fratelli Tutti,* o diálogo com o grande imã Ahmad Al-Tayyeb foi determinante não apenas para a escrita do *Documento sobre a fraternidade humana, em prol da paz mundial e da convivência comum,* como também para a própria Carta encíclica *Fratelli Tutti* (FT, 5). O diálogo entre pessoas de diferentes religiões não se faz apenas por diplomacia ou tolerância, como adverte a *Fratelli Tutti,* mas, muito mais, para estabelecer vínculos e aproximações em espírito de verdade e amor (FT, 271). Os temas trabalhados no capítulo oitavo da Carta encíclica são: *o fundamento último* (FT, 272-276), *a identidade cristã* (FT, 277-280), *religião e violência* (FT, 281-284), *apelo, oração do criador, oração ecumênica* (FT, 285-287). Especificamente, para este capítulo, busca-se trabalhar a temática em pontos, a saber, (1) a busca pela última realidade: Deus, (2) a religião e a violência, (3) o apelo à fraternidade universal e à amizade social.

1. A busca pela última realidade: Deus

Parte-se da concepção de que todos somos irmãos e irmãs, e, sendo assim, temos todos o mesmo Pai. Deus é o Pai de todos. Ninguém neste mundo, portanto, é órfão por parte de Deus Pai. É o Pai querido de toda a humanidade. E, se Deus é o Pai que ama a todos como filhos e filhas, então, não podemos senão ter um espírito de filiação e de fraternidade. "Como pessoas que creem, pensamos que, sem uma abertura ao Pai de todos, não pode haver razões sólidas e estáveis para o apelo à fraternidade" (FT, 272). A seguir, embora vá um pouco além da pretensão da *Fratelli Tutti*, quer-se oferecer alguns breves aspectos de reflexão a respeito da busca em que cada ser humano se encontra e a qual se sente impelido a dar crédito e caminho. Trata-se de trabalhar, em um primeiro momento, a dimensão da pergunta acerca da fé, ou seja, perguntar-se se ainda é possível crer nos dias atuais, para, em seguida, trazer algumas considerações a respeito da procura de cada indivíduo em se compreender como um ser em busca da totalidade do seu ser, e, por conseguinte, por Deus, para, finalmente, ainda neste primeiro item, esboçar algumas características da própria *Fratelli Tutti*.

Ainda é possível crer nos dias atuais? Caso se queira tomar essa questão a sério, é imprescindível situá-la no ambiente e contexto atuais. Poder-se-ia denominar o novo ambiente, ou, então, o novo contexto, fruto da modernidade e de seu processo de secularização, de sociedade *pós-secular*, como fez Jürgen Habermas, ou, ainda, de *uma era secular*, como intitula-se o livro de Charles Taylor. Sem entrar no debate, opta-se, aqui, por sociedade pós-secular, ainda que tal conceito não goze de unanimidade e seja envolto em controvérsias. Pode-se usá-lo na perspectiva de que traz consigo algumas características, as quais transformam as articulações tradicionais da compreensão de fé. Entre outras, eis algumas manifestações da chamada sociedade "pós-secular": (1) tem-se uma "religião sem religião", isto é, uma religião sem instituição; (2) a Igreja, enquanto comunidade de fé instituída e organizada, não goza mais do mesmo respaldo e importância, dando-se, consequentemente, a superação da religião nos moldes tradicionais; (3) tem-se uma "bricolagem de crenças", ou, ainda, dá-se uma espécie de "trânsito religioso movediço". "Distinguir o religioso a partir do movimento, a partir da dispersão das crenças, da mobilidade de pertenças, da fluidez das identificações e da instabilidade dos agrupamentos é tarefa difícil" (HERVIEU-LÉGER, 2008, p. 81). Cada um, a seu gosto e liberdade, vai constituindo o seu sistema de crença, decretando, assim, o sepultamento do pensamento único acerca da tradição religiosa herdada a ser vivenciada. Misturam-se elementos tradicionais com os novos, a ponto de poderem ser considerados, simultaneamente, reacionários e revolucionários; (4) a tecnologia ganha como que uma aura espiritual. É um fator ligado intimamente à autonomia e à liberdade do ser humano. É a vitória do espírito sobre a matéria, decretando o ciberespaço como o novo espaço de comunicação aberto pela interconexão mundial dos computadores e das memórias informáticas; (5) no novo espaço de comunicação há como que um grande supermercado do religioso, em que se encontra uma enorme variedade de produtos religiosos com grande facilidade, com caráter eminentemente de apaziguamento e de homogeneização; (6) fala-se em "revolução do amor", totalmente, diferente, porém, do amor social e político da *Fratelli Tutti*. Trata-se de uma sabedoria de espiritualidade laica, a qual se precisará saber viver com lucidez, na busca de uma existência humana finita e reconciliada com o mundo e com uma existência humana, renunciando a miragens da imortalidade. Noutras palavras, busca-se viver de acordo com o que se é realmente, de acordo com a condição humana, preferindo a vida humana finita à vida infinita, sem viver uma angústia humana alicerçada no passado já escrito e no futuro incerto; (7) a "secularidade" na sociedade "pós-secular" consiste no abandono das convicções e práticas religiosas. As pessoas se afastam de Deus e não mais frequentam a Igreja. Dá-se a passagem de uma sociedade em que a fé em Deus era inquestionável e não problemática para uma na qual a fé é entendida como uma opção entre outras, e, em geral, não a mais fácil de ser abraçada. A fé em Deus não é mais axiomática, porque há outras possibilidades, tornando-se, pois, bastante difícil conservar a própria fé; (8) a complexidade das formas de manifestação do religioso pode ser caracterizada como "religião *soft*" (DUQUE, 2016, p. 128). Quer-se, brevemente, caracterizar a denominada "religião *soft*", porque isso auxiliará a compreender bastante bem a era na qual o ser humano acostumou-se a viver no vazio. A seguir, acompanharemos a argumentação de João Manuel Duque.

Recorde-se, porém, que a caracterização da "religião *soft*" não é precisa e homogênea como se costumou evidenciar na época clássica ou moderna, por exemplo. Não serão aprofundadas as caracterizações, mas, apenas, apresentadas. Primeiro. A nova religiosidade surge como compensação da angústia criada pela era do vazio. A religião apresenta-se como forma de salvação individual, proporcionando bem-estar psíquico e até físico e, também, segurança, a quem busca por esta (ibid., p. 129). Segundo. O individualismo consumista produz uma religiosidade possível de ser denominada de "selvagem", na medida em que o seu único interesse orientador é o de cada indivíduo (ibid., p. 130). Terceiro. Essa atitude "selvagem" é, por sua natureza, refratária à organização institucional, e, por isso, a nova religiosidade afirma-se, claramente, como anti-institucional (ibid., p. 131). Quarto. O integrismo é uma reação possível das instituições à sua possível derrocada ou à derrocada da coerência doutrinal dos seus membros, isto é, o integrismo constitui-se na abdicação de toda atitude crítica, sobretudo, autocrítica (ibid., p. 131). Quinto. Embora haja tendências ao integrismo, esta não é a forma mais frequente da religiosidade, mas, sim, algo a ser denominado como misticismo difuso, desembocando em uma espécie de (re)encantamento das realidades mais diversas, tais como ciência, astros, corpo, natureza, política, música, desporto (ibid., p. 132). Sexto. No processo de reencantamento das mais variadas realidades assume particular importância a estreita aliança do mercado religioso com os *mass media*. Eis, pois, a dificuldade na qual a dimensão da religiosidade está enredada e imersa, justamente, porque "[...] ao sujeitar esse religioso aos esquemas da manipulação técnico-instrumental que é própria aos *media*, em certa medida dessacralizam ou desencantam de novo o encantamento do religioso. Nesse sentido, o maior aliado da nova religiosidade transforma-se no seu inimigo mortal" (ibid., p, 134).

Feita essa breve incursão a respeito da pergunta pela fé nos dias atuais, quer-se, agora, esboçar algumas ideias gerais a respeito da pergunta por Deus. Busca-se refletir acerca da ideia de Deus, e, muito brevemente, elucidar a tese de que pensar e colocar-se a questão de Deus é sumamente importante. A ideia de Deus esteve presente na reflexão filosófica desde os seus primórdios. É a busca incessante do espírito na procura de uma verdade independente de paixões, sonhos e projeções humanas. A expressão teologia foi usada já por Platão (*Rep.* 379a). Para ele, Deus é bom e a causa somente do bem. Outra é a causa dos males (*Rep.*, 379b). Para Aristóteles, o termo teologia associa-se à *filosofia primeira*, aquilo que mais tarde se chamará de *metafísica*. "A questão de Deus é a mais complexa e a mais exigente de todas as questões, presente em todos os espíritos – tanto entre os mais simples como entre os mais sofisticados –, urgente em todos os tempos e em toda época, é uma questão a que não se pode negar atenção" (DE KONINCK, 2007, p. 239). A *questão de Deus* é percebida, sobretudo, à medida que nos aproximamos sempre mais da totalidade, do todo, da complexidade do cosmos, de sua inteligibilidade, de sua profundeza abissal e de sua beleza que dificilmente se consegue exprimir (ibid., p. 240). Portanto, se, por um lado, a *questão de Deus* apresenta-se como a questão das questões, uma vez que se refere às questões mais pertinentes e últimas de toda vida humana, por outro lado, simultaneamente, a *questão das questões* pode constranger o ser humano no desejo de conhecer a Deus, devido ao fato de que ele permanece escondido e se torna desconhecível. "Trata-se, portanto, de uma questão que engloba as demais e que se impõe na realidade mais fortemente agora que em todas as épocas anteriores. Deus jamais esteve menos 'morto' no sentido que quer uma *doxa* preguiçosa. Em latim, estas duas sílabas, *Deus*, designam tudo o que esperamos, que aspiramos" (ibid., 2007, p. 240: grifos do autor).

Perguntar-se é importante. Colocar em questão significa buscar, amar. Todos procuram as razões de sua existência. E, sob a luz de sentido ou não sentido da existência humana, advém também a questão de Deus. Os desejos, as expectativas jamais se satisfazem e parecem procurar outra coisa que os satisfaça e que seja como eles, isto é, infinita. Cada desejo remete para um outro desejo, o qual será também relativo, não podendo ser plenamente satisfeito. E, nesse sentido, a infinidade do desejo humano só pode ser preenchida por um absoluto (ibid., p. 239). Segundo Pascal, o abismo infinito somente pode ser preenchido por um objeto infinito e imutável, quer dizer, pelo próprio Deus (PASCAL, 1979). O amor verdadeiro deseja a eternidade. Toda alegria quer a eternidade, quer a profundeza, a profunda eternidade. Nesse sentido, o desejo de eternidade está nas profundezas de nosso coração. É o desejo do provisório pela eternidade. O provisório está em constante devir rumo ao definitivo. "Trata-se de uma busca que não cessa porque ela sempre só alcança o finito, o inacabado, o imperfeito, que, por sua vez, chama, requer um outro, seu outro, e assim sucessivamente até o último outro possível integrado no absoluto que não pode ter oposto e que é Deus" (DE KONINCK, 2007, p. 269).

A filosofia surgiu em nossa cultura ocidental como uma forma de pensamento. Levantou a pretensão de pôr em questão os fundamentos da vida cotidiana, a forma de vida que o ser humano constituiu para si mesmo no mundo, ou seja, surge como uma exigência de explicitar a razão de ser da práxis, através da qual o homem se constrói. A razão surge, assim, como a instância de julgamento de todas as manifestações da vida humana. Sua tarefa é tematizar a unidade na qual cada singular encontra seu sentido: assim, a unidade e multiplicidade, a presença do uno na pluralidade, é o pressuposto de tudo, a instância a partir de onde se articula o sentido de tudo. O homem emerge com a exigência de construir-se, ou seja, produzir uma configuração de seu próprio ser. Seu ser é, enquanto tal, abertura, indeterminação, o que em nossa tradição de pensamento recebe o nome de liberdade. O ser do homem é um ser no mundo, um ser na totalidade dos seres. Essa totalidade nos é sempre dada, mas, ao mesmo tempo, é também tarefa a se construir. Assim, a verdadeira realidade não é algo já acabado, mas algo essencialmente aberto. O que dá, ao ser humano, razão de caminhar é a abertura ao devir, ao futuro. É esta facticidade essencial que justifica uma das características fundamentais do ser humano: a *transcendência*. Enquanto contingentes, nós nunca somos seres prontos, estamos, em princípio, abertos a novas configurações do nosso ser. Liberdade é a chance permanente de novas configurações de nós mesmos e de nossas condições históricas de vida. Logo, quando se afirma que o ser humano é um ser-no-mundo, está-se dizendo que ele é um ser do diálogo universal com os seres, pelo fato de ser aquele que tudo se questiona e articula. Ele é essencialmente um ser com os outros. É um ser de diálogo e, assim, sua liberdade é essencialmente dialógica. Seu mundo constitui-se fundamentalmente de relações intersubjetivas. Liberdade, portanto, é a exigência sempre nova e diferente (historicidade) da construção de uma forma específica das relações que formam o ser (comunitariedade). Como liberdade, o ser humano experimenta-se na necessidade de dever ser. Precisa se descobrir, produzir criativamente uma configuração do próprio ser. Na necessidade de ter que ser está, por um lado, a pobreza, mas, por outro, a riqueza. Liberdade é tradução do Absoluto na interpretação da contingência de uma situação, no aqui e agora de uma epocalidade, nesta pessoa ou comunidade de pessoas, nesta história. A história se revela como espaço de luta pela efetivação do incondicional na contingência: liberdade só é liberdade efetiva na história enquanto sempre nova encarnação do Absoluto na condicionalidade (LIMA VAZ, 1997, p. 115).

A reflexão sobre o agir revela o ser humano como um processo indefinido de conquista de si, enquanto luta pela construção histórica do reconhecimento universal. A história é a necessidade originária do ser humano. Porém, cada momento histórico limita e condiciona a efetivação da liberdade humana. Por sua vez, a transcendência humana é transcendência sempre limitante e situada. Por essa razão, a história só permanece humana como movimento de permanente ultrapassagem. O ser humano percebe continuamente seus limites, daí a transcendência permanente. Isso possibilita a abertura à liberdade ilimitada, enquanto se manifesta como condição última de possibilidade dele mesmo enquanto processo permanente de ultrapassagem. Se a liberdade de alguém só se efetiva no encontro com outras liberdades libertadoras, com muito maior razão é liberdade libertadora, a liberdade absoluta enquanto condição última de possibilidade do próprio processo libertador que constitui, em última análise, a práxis humana enquanto tal. O ser humano encontra na liberdade absoluta a condição de possibilidade. Assim, a religião, enquanto esforço de explicitação histórico-comunitária dessa experiência, é a radicalização da própria experiência originante do ser humano como experiência da exigência da liberdade solidária. A experiência do absoluto se revela, então, condição última de possibilidade do próprio processo histórico, pois é essa experiência que torna possível a ultrapassagem permanente, que caracteriza a vida humana (OLIVEIRA, 2013, p. 191). "Portanto, a experiência da contingência radical e a exigência de inteligibilidade são a mediação para afirmação de uma dimensão absolutamente necessária como condição de possibilidade para a compreensão do Ser como tal e em seu todo" (OLIVEIRA, 2013, p. 199).

Nessa perspectiva, a efetivação da liberdade exige um movimento contraditório: de um lado a construção de mundos históricos, limitados e de outro exige a transcendência permanente do ser humano sobre esses mundos históricos e que só é possível com a consciência de sua limitação. O ser humano faz a experiência de sua finitude. Compreendendo-se como ser de relação. "De fato, a existência humana emerge como um nó de relações voltado pra todas as direções: para baixo, para cima, para dentro e para fora" (BOFF, 2017, p. 53). O ser humano faz a experiência fundamental de seu limite. Descobre-se como ser imperfeito. Sente-se necessitado de algo mais que não está em si próprio. E, quando compreendida no sentido mais genuíno do termo, essa experiência repercute como fundamental e determinante. Desperta no ser humano a possibilidade de abertura a "algo mais", uma vez que ele não consegue esgotar a compreensão de todas as possibilidades que lhe estão abertas, mesmo que seja enquanto possibilidade. "Em outros termos, o ser humano se caracteriza por surgir como abertura ilimitada: para si mesmo, para o outro, para o mundo e para a totalidade que inclui a Última Realidade" (BOFF, 2017, p. 53). Nesse sentido, não é possível dizer detalhadamente tudo sobre que é e o que será do ser humano, ainda que, nos dias atuais, seja possível a objetivação do código genético de seu organismo vivo, justamente, porque a vida humana é mais do que a soma dos elementos genéticos que lhe servem de vetor (STEIN, 2004, pp. 171-191).

O ser humano é capaz de Deus. Só a abertura à infinitude dá ao ser humano na sua consciência um valor absoluto que apreende a totalidade do ser capaz de contrastar ou contrabalançar com sua contingência. Ultrapassar-se a si mesmo continuamente, ainda que ser limitado, particular, fechado é o que constitui o ser humano enquanto ser humano (OLIVEIRA, 2012, p. 188). O homem não apenas está no mundo como as coisas num ambiente físico. Não apenas vive no mundo como as plantas e os animais vivem no seu ambiente biológico. Ele experimenta a si mesmo como tarefa (OLIVEIRA, 2000, p. 120). Tem consciência de *ser-no-mundo* e pode refletir e julgar tal condição. O seu mundo, com efeito, não se encerra num ambiente fechado e limitado exclusivamente. Não é restrito apenas a um *habitat* vital determinado. Estende-se indefinidamente. Supera todo regionalismo, expandindo-se, por assim dizer, por toda a terra, tornando o ser humano, por conseguinte, cidadão de um mundo (CORTINA, 2005), não fechado nele mesmo, mas sempre aberto. Daí, segundo Oliveira, a tensão que caracteriza o ser humano. Por um lado, "[...] como ser da mediação, da capacidade de distanciamento da imediatidade, da possibilidade de transcendência sobre qualquer facticidade, ele é pura possibilidade, a pura negatividade, a força de dissolução de qualquer facticidade e a abertura ao futuro, ao diferente, à alternativa" (OLIVEIRA, 2000, p. 120). E, por outro lado, caracterizando sua autoconstrução, "[...] ele só é mesmo na medida em que se efetiva por meio das obras de sua atividade. Liberdade é tanto distância absoluta como engajamento que faz surgir o novo" (OLIVEIRA, 2000, p. 120).

Assim, enquanto o ser humano, no plano horizontal do seu ser material, é finito e contingente, é incluído no mundo e transcendido por este no espaço e no tempo, no plano vertical, ele se eleva sobre o mundo inteiro e, na sua consciência e no seu espírito, transcende-o e ultrapassa-o infinitamente, podendo espiritualmente superar as condições-limite do mundo. E, na medida em que ele sai constantemente de si mesmo e ultrapassa os limites da própria realidade, pode-se dizer ser capaz de ir além de. "O específico do ser humano não é ser uma subjetividade restrita a si mesma, mas justamente ser abertura, intencionalidade, coextensividade com o todo, transcendência para além de si mesmo" (OLIVEIRA, 2021, p. 188). E, quando essa sua capacidade de autotranscendência se move na direção do Infinito e do Eterno, é que, então, o ser humano alcança sua plena realização (GALANTINO, 2003, p. 162). Deus é meta última da autotranscendência. A abertura infinita é uma abertura que só Deus pode fechar e preencher, uma vez que nenhuma realização histórica da liberdade pode levantar a pretensão de esgotar a absolutidade da exigência que nos interpela. Assim sendo, o ser humano vai além de *si mesmo*. Dirige-se ao Absoluto para poder encontrar a si próprio. "O homem não sai dos confins do próprio ser para se afundar no nada, mas sai de si para lançar-se em Deus, o qual é o único ser capaz de levar o homem à perfeita realização de si mesmo" (MONDIN, 1980, p. 261). O verdadeiro sentido do homem é o Absoluto. Numa palavra, o sentido da questão acerca de Deus não poderá surgir senão implícito na questão de sentido sobre o homem (ALFARO, 1989, p. 25). Assim, só o Absoluto pode marcar os confins da projetualidade humana e, ao mesmo tempo, doar ao homem as forças para levá-la a termo (MONDIN, 1997, p. 404). Para Raimon Panikar: "A experiência de Deus, enquanto experiência última, é uma experiência não só possível, mas também necessária para que todo ser humano chegue à consciência de sua própria identidade" (PANIKAR, 2007, p. 76). A experiência de Deus é tão radical, a ponto de poder-se afirmar: "O ser humano chega a ser plenamente humano quando faz a experiência de seu último 'fundamento', do que realmente é" (ibid., p. 76).

A abertura à transcendência faz emergir no ser humano a consciência da provisoriedade. É precisamente a consciência do absoluto que faz emergir a provisoriedade estrutural da vida humana. Todo mundo histórico é negado como absoluto e pretensão da efetivação da liberdade solidária. Por isso, a consciência religiosa é consciência provocadora, isto é, a consciência religiosa, enquanto consciência do absoluto, é o tribunal da história. Foi precisamente nesse sentido que o absoluto emergiu aqui como condição última de possibilidade do processo de autogênese do homem enquanto processo histórico. Religião é liberação do aprisionamento definitivo do homem em qualquer finitude, e, portanto, possibilitação da transcendência que caracteriza a história (OLIVEIRA, 1993, p. 186). A história só é possível enquanto referência ao absoluto. Daí o paradoxo da nossa história humana entre a liberdade finita e a exigência da liberdade infinita, incondicional: "[...] assim a práxis emancipatória, enquanto criadora do espaço do reconhecimento solidário, emerge como portadora de exigência absoluta, pois o que está em jogo nela, em última análise, é a aceitação, por parte das liberdades finitas, do apelo da própria liberdade infinita" (ibid., p. 186). Logo, pode-se afirmar que o absoluto emerge como a dimensão última possibilitadora do processo de antropogênese, como liberdade libertadora das liberdades humanas. Só a consciência do absoluto é capaz de legitimar, de modo incondicionado, a exigência ética da práxis libertadora (ibid., p. 189).

Voltando, mais especificamente, à *Fratelli Tutti,* o Papa Francisco faz menção e memória ao importante texto do Papa Bento XVI, *Caritas in Veritate,* lembrando, sobretudo, a tarefa imprescindível da razão, mas, por outro lado, argumentando que a razão sozinha não consegue fundar a fraternidade. Afirma o texto do Papa Bento XVI acerca da sociedade atual cada vez mais globalizada, fazendo com que todos se sintam vizinhos, próximos, mas não irmãos. "A razão, por si só, é capaz de ver a igualdade entre os homens e estabelecer uma convivência cívica entre eles, mas não consegue fundar a fraternidade. Esta tem origem numa vocação transcendente de Deus Pai, que nos amou primeiro, ensinando-nos por meio do Filho o que é a caridade fraterna" (CV, 19). De acordo com a reflexão citada, a realidade transcendente é que possibilita a abertura contínua das realidades finitas e imperfeitas. A liberdade absoluta em Deus não permite que a liberdade finita humana outorgue-se o direito de reivindicar-se absoluta. Tal outorga facilmente poderia transformar uma liberdade condicionada em liberdade autoritária, ou seja, tornar-se-ia, perigosamente, totalitarismo. Afirma São João Paulo II, na *Centesimus Annus:* "Se não se reconhece a verdade transcendente, triunfa a força do poder, e cada um tende a aproveitar-se ao máximo dos meios à sua disposição para impor o próprio interesse ou opinião, sem atender aos direitos do outro" (CA, 44). O ser humano traz em si um valor absoluto em sua dignidade e não pode ser usado como meio, porque todos somos irmãos, e, por conseguinte, filhos e filhas amados de Deus Pai. Se não houver uma verdade transcendente, o ser humano, facilmente, será respeitado apenas na medida em que puder ser instrumentalizado, contradizendo sua natureza de não poder ser tomado como meio e tão somente como fim em si mesmo, enquanto portador do valor absoluto da dignidade humana.

Sabe-se, pois, a partir de toda experiência humana, tanto no Ocidente quanto no Oriente, que tornar Deus presente na vida humana é de relevância imprescindível para todas as sociedades. "Buscar a Deus com coração sincero, desde que não o ofusquemos com os nossos interesses ideológicos ou instrumentais, ajuda a reconhecer-nos como companheiros de estrada, verdadeiramente irmãos" (FT, 274). Tem-se, no entanto, consciência da crise a que a humanidade foi submetida, sobretudo, com a concepção moderna, desembocando no que se conceituou de sociedade pós-secular, nos dizeres de Jürgen Habermas. "Tal formulação não tem na mira apenas o fato de que a religião é obrigada a se afirmar em um entorno cada vez mais dominado por elementos seculares e que a sociedade continua a contar, mesmo assim, com a sobrevivência da religião" (HABERMAS, 2007, p. 126). Mas, por outro lado, segundo ele, é importante lembrar que as comunidades religiosas, não obstante as dificuldades do tempo presente, tiveram uma importância reconhecida para a formação do tecido social e político. "A expressão 'pós-secular' foi cunhada com o intuito de prestar às comunidades religiosas reconhecimento público pela contribuição funcional relevante prestada no contexto da reprodução de enfoques e motivos desejados" (ibid., p. 126). Mas ainda não é somente isso, porque tem-se uma nova concepção do papel e missão das comunidades religiosas na sociedade pós-secular, não mais com papel determinante, mas como presença importante ao lado de tantas outras instâncias de participação sociopolítica e cultural. "Na sociedade pós--secular impõe-se a ideia de que a 'modernização da consciência pública' abrange, em diferentes fases, tanto mentalidades religiosas como profanas, transformando-as reflexivamente" (ibid., p. 126). Segundo Habermas, a religião viu-se obrigada a abandonar o monopólio de interpretação e a forma normativa e abrangente de compreender o mundo. Isso se evidencia pelo desprendimento da sociedade às questões do âmbito religioso. Desse modo, há uma mudança do comportamento humano. "Em sociedades pluralistas, uma religião tem de renunciar a tal pretensão a uma configuração abrangente da vida, que inclui a própria comunidade, tão logo a vida da comunidade religiosa se diferencia da vida da comunidade política, que é mais ampla" (ibid., p. 290).

Com a crise nas sociedades pluralistas contemporâneas, fruto, básica e especialmente, do mundo moderno, que anestesiou e afastou as pessoas dos valores humanos, dando prioridade suprema às tendências de visão de mundo individualista e também materialista, no sentido da demasiada valorização das coisas materiais e mundanas em detrimento da realidade transcendente e da vida espiritual, houve um afastamento da experiência de Deus. Esse esvaziamento espiritual levou a um certo esfriamento da missão das comunidades religiosas na colaboração e participação de um mundo melhor. Porém, não se pode esquecer que, sem a perspectiva da vida eterna, das verdades transcendentes, o progresso humano fica privado de vida, de respiração salutar. Afirma o Papa Bento XVI: "Fechado dentro da história, está sujeito ao risco de reduzir-se a simples incremento do ter; deste modo, a humanidade perde a coragem de permanecer disponível para os bens mais altos, para as grandes e altruístas iniciativas solicitadas pela caridade universal" (CV, 11). Embora não seja a missão específica dos ministros religiosos a vida política partidária, em contrapartida, absolutamente podem abdicar e renunciar à dimensão política da existência, "[...] que implica uma atenção constante ao bem comum e a preocupação pelo desenvolvimento humano integral" (FT, 276). Dito de outro modo, com o Papa Bento XVI, a Igreja "[...] tem um papel público que não se esgota nas suas atividades de assistência ou de educação, mas revela todas as suas energias a serviço da promoção do homem e da fraternidade universal quando pode usufruir de um regime de liberdade" (CV, 11).

O Papa Francisco lembra que a Igreja valoriza a ação de Deus nas outras religiões (FT, 277). A Igreja afirmou solenemente no Concílio Vaticano II, na Declaração sobre a Igreja e as Religiões Não Cristãs, *Nostra Aetate*, nada rejeitar do que há de verdadeiro e santo nas religiões (NE, 2). Sem desprezo a outras denominações religiosas e a outras igrejas, a Igreja, no entanto, não pode abrir mão do sabor e da música do Evangelho. Do encontro com o Evangelho de Jesus Cristo nasce e se alimenta toda a vocação da Igreja. Da alegria do Evangelho brota a razão fundamental para a busca de um mundo novo, baseado no fundamento da dignidade humana e na espera do encontro definitivo com Deus. Afirma a *Fratelli Tutti*: "Outros bebem de outras fontes. Para nós, essa fonte de dignidade humana e fraternidade está no Evangelho de Jesus Cristo" (FT, 277). Mais do que privilégio, a missão da "Igreja Católica", que significa missão universal, é auxiliar as pessoas a se sentirem amadas por Deus e a compreenderem o convite de Deus ao amor universal. "Com o poder do Ressuscitado, ela quer dar à luz um mundo novo, onde todos sejamos irmãos, onde haja lugar para todos os rejeitados de nossas sociedades, onde resplandeçam a justiça e a paz" (FT, 278). Além disso, fica muito bem evidenciada a valorização sem rodeios da liberdade religiosa. O direito à liberdade religiosa deve ser respaldado e respeitado em todas as religiões. "Existe um direito humano fundamental que não deve ser esquecido no caminho da fraternidade e da paz: é a liberdade religiosa para as pessoas que creem de todas as religiões" (FT, 279). Por isso, é de suma relevância o respeito às minorias, seja em países e regiões onde os cristãos são minoria, seja onde forem maioria, e, se essa reivindicação se a faz para a Igreja Católica, essa mesma reivindicação deve ser avalizada e válida para todas as denominações religiosas (FT, 279). Não se pode mais esperar. Quer-se, por fidelidade ao mandato de Jesus, trabalhar para "que todos sejam um" (Jo 17,21). Faz-se, pois, um imperativo colaborar com a unidade dos cristãos, tendo o dever de oferecer o testemunho do amor de Deus por todas as pessoas, trabalhando em conjunto a serviço da humanidade (FT, 280).

2. A religião e a violência

Uma frase que ficou por demais conhecida foi a de Hans Küng, expressa em diversas ocasiões e em diferentes livros seus: "Não haverá paz entre as nações, se não existir paz entre as religiões". Ela é bastante impactante, mas vem acrescida de outras duas sentenças: "Não haverá paz entre as religiões, se não existir diálogo entre as religiões", e complementada pela forte declaração: "Não haverá diálogo entre as religiões, se não existirem padrões éticos globais". Segundo ele, é urgente um entendimento universal entre as religiões na busca de um *ethos* comum da humanidade, lembrando, todavia, que o *ethos* é apenas uma dimensão dentro das diferentes religiões, uma dimensão das religiões entre si (KÜNG, 2004, p. 17). "Não se trata, pois, de chegar a uma religião única, nem a um coquetel de religiões, nem de substituir a religião por uma ética. Mas, antes, de um empenho pela paz entre os homens das diferentes religiões deste mundo, o que constitui uma necessidade urgente" (ibid., p. 17).

Grosso modo, pode-se afirmar ter a religião duas funções em relação à ética. A primeira é a função expressivo-simbólica, própria da religião, e consiste em ter a capacidade de expressar o que não pode ser dito de outra maneira: as afirmações acerca do todo da realidade, da contingência de todo o existente, da experiência do sofrimento humano, das perguntas em torno da esperança na vida individual e coletiva. A religião sugere, evoca, transmite algo que a argumentação racional não é capaz de fazer: manusear o extraordinário, o extranormal na vida humana. A segunda função da religião é a sua capacidade de integração social. A religião proporciona uma consciência de pertença e de obrigação em relação aos outros, facilita a cooperação social. A religião oferece imagens do mundo e motiva valores e atitudes. Nesse sentido, ela é importante para a construção da individualidade, para a estruturação moral da pessoa. A ética é autônoma, sem dúvida, não necessita, a rigor, de nenhum acréscimo religioso, mas a religião pode trazer à existência humana um acréscimo de sentido. O acréscimo substancial especificamente religioso plenifica esse sentido em dois aspectos: o do fundamento e o da esperança. A religião oferece à ética fundamento e esperança. Visto na perspectiva da religião, é preciso ter presente as dificuldades para dialogar, inerentes ao fato de a religião se referir ao Absoluto e pôr o ser humano em relação com ele. À medida que as religiões têm consciência de que suas mediações com o Absoluto são relativas, abrem-se ao diálogo, porém, quando se esquecem da fragilidade de suas mediações e de sua limitações e imperfeições, elas podem, também, impossibilitar esse diálogo. E, ao se falar de dialogar, percebe-se a necessidade de diálogo entre ética e religião. Dialogar é uma necessidade irrenunciável, porque humaniza e personaliza. Embora seja algo difícil para todos, todas as religiões precisam buscar os caminhos mais adequados para o diálogo entre as religiões (CESCON; NODARI, 2014, pp. 489-509).

O Papa Francisco declara: "Entre as religiões, é possível um caminho de paz. O ponto de partida deve ser o olhar de Deus" (FT, 281). Trata-se do olhar de Deus, porque ele olha com um amor total e incondicional. Seu olhar não é como o olhar humano, isto é, ainda que na busca do incondicional e absoluto, é sempre condicional e contingente. "E o amor de Deus é o mesmo para cada pessoa, seja qual for a religião" (FT, 281). As religiões não podem ser trampolim, fundamento ou motivação para violências, sejam elas expressas pelo desprezo, pelo ódio, pela xenofobia, pela negação do outro, pelos racismos, pelos maniqueísmos e outras formas mais de desvio de sentido da religião. "A verdade é que a violência não encontra fundamento algum nas convicções religiosas fundamentais, mas nas suas deformações" (FT, 282). O culto sincero e humilde e a vida orientada pelas religiões não têm outro foco senão o de respeito à sacralidade da vida humana, à dignidade e à liberdade de todas as pessoas, bem como o compromisso com o bem comum (FT, 283). As religiões não podem, absolutamente, servir para quaisquer gestos, sinais e comportamentos de desprezo à vida humana, atrelamento e vínculo a movimentos violentos de guerra, de tráfico de armas, tráfico de vidas humanas, de organizações vinculadas ao terrorismo. As convicções sagradas das diversas expressões religiosas não podem dar margem à cultura de morte. Elas precisam reconhecer os valores fundamentais da vida humana. As religiões não podem ser fonte e meio de fomentos de violência (FT, 283).

É claro que o mais comum nos dias atuais é, de modo superficial e também agressivo, afirmar ser a religião ou as religiões propagadoras de muita violência. As religiões não são isentas dessa ambiguidade que caracteriza as pessoas, as instituições e toda ação humana, no que faz referência à violência e à não violência. As experiências religiosas trazem esse traço demasiado humano (GUIMARÃES, 2019, p. 28). "As instituições religiosas partilham, em matéria de paz e violência, a mesma ambiguidade e o espírito de contradição, como todas as outras instituições da sociedade! A questão da violência não é um privilégio das religiões!" (ibid., p. 29). Na questão da relação entre religião e violência não se pode cair na vala comum, isto é, no grande mosaico da relação entre humanidade e violência. "A violência das religiões deve ser considerada como uma manifestação da violência humana e não como uma manifestação em si" (ibid., p. 29). É importante lembrar que a violência é um problema da civilização e um dilema da aventura humana, dentro da qual deve-se entender também o lugar das religiões. O que, porém, pode-se afirmar, com muita segurança, é que a religião, ou mesmo as religiões, não pode deixar acontecer e, inclusive deve evitar, em primeiro lugar, é que ela própria represente a violência, isto é, "[...] ela pratica sacrifícios humanos, quando ela tortura ou organiza a guerra" (ibid., p. 31); em segundo lugar, que legitime a guerra ou a violência existente na sociedade, conferindo-lhe uma dimensão sagrada, e, em terceiro lugar, que assuma uma postura de indiferença, isto é, "[...] quando ela se abstém de contribuir explicitamente para a justiça e a paz" (ibid., p. 31). Recorde-se, entretanto, haver comunidades religiosas sempre atentas em cuidar e zelar pelo vaso de argila que é a humanidade. As religiões precisam cuidar do vaso de argila não violento da humanidade. "As religiões estão lá para recordar nossa ambiguidade e nossa ambivalência, mas também para nos dizer de nossas potencialidades e possibilidades! Elas podem nos mostrar o pior da humanidade, como também podem nos apresentar o melhor!" (ibid., p. 33).

Não obstante o Papa Francisco não entre especificamente nas questões do diálogo ecumênico e diálogo inter-religioso, muito brevemente quer-se lembrar que ecumenismo designa o mundo, a terra habitada (WOLFF, 2021, p. 421). "Assim, 'ecumenismo' é uma espécie de conceito guarda-chuva sobre o qual se abrigam diferentes perspectivas de diálogo e de comunhão: entre povos, culturas, religiões, igrejas e a relação do ser humano com o conjunto da criação" (WOLFF, 2021, p. 421). Ecumenismo expressa o diálogo e a colaboração mútua entre as várias confissões cristãs, tais como: católicos, ortodoxos, luteranos, calvinistas, batistas, anglicanos, metodistas etc. São grupos cristãos reconhecidos como representantes de igrejas cristãs, mas cada um confessando sua fé em Cristo de uma forma determinada, apresentando um modo específico de organização, de celebração da fé e de encarnação do mesmo Evangelho do Cristo (GUIMARÃES, 2019, p. 413). Diálogo inter-religioso, por sua vez, expressa a comunicação e o intercâmbio entre as tradições religiosas diferentes, tais como: cristianismo, judaísmo, islamismo, hinduísmo, budismo, confucionismo, religiões animistas etc. (ibid., p. 413). Sem, nesse momento, tomar em conta a distinção entre ecumenismo e diálogo inter-religioso, pode-se afirmar que o verdadeiro diálogo ocorre a partir de uma identidade religiosa já dada. O objetivo do diálogo é a abertura de cada grupo aos outros, estabelecendo relações fundadas na tolerância, na amizade e na cooperação mútua (ibid., p. 414). Segundo Guimarães, há, dentre outras possíveis, sobremaneira, duas razões fundamentais para o diálogo entre religiões e entre igrejas.

A primeira diz respeito ao diálogo como traço característico das religiões, justamente, porque estas são formadas por pessoas. E estas dialogam. Ser é dialogar. O diálogo não é uma característica externa e que se acrescenta ao ser humano, mas sua dimensão constitutiva (ibid., p. 414). "Antes de dialogar com os outros, cada comunidade religiosa estabelece um diálogo interior. Cada religião está fundada sobre um consenso ou um acordo que lhe serve de base" (ibid., p. 415). Não há, por conseguinte, religião sem diálogo e pacto estrutural, uma vez ser religião religar ou unir outra vez. Nesse sentido, a religiões precisam dar-se ao diálogo, ou seja, elas precisam viver o exercício do pluralismo e "[...] são chamadas ao diálogo para sobreviverem e para manterem sua coesão interna" (ibid., p. 416). A segunda razão para o diálogo é mais de espectro externo, ou seja, no atual contexto internacional da globalização, as religiões e as igrejas precisam dialogar. Não se é mais possível permanecer isolado ou fechado, pura e simplesmente, nas próprias convicções religiosas. Diante dos problemas com raio e alcance planetário, as religiões não podem mais se fechar em seus ambientes geográficos de isolamento. Cada vez mais aumenta a consideração de todos estarem no mesmo barco. Cada vez mais a comunidade humana precisa sentir-se pertencente à mesma comunidade de vida (ibid., p. 416). "Antes de confessar uma ou determinada religião, os crentes são homens e mulheres iguais na mesma dignidade e nos mesmos direitos e, portanto, corresponsáveis pelo futuro da humanidade" (ibid., p. 416). Faz-se urgente, portanto, cultivar a harmonia entre comunidades religiosas e espirituais, a fim de promover uma sociedade justa, pacífica e duradoura (ibid., p. 417). As religiões, enquanto uma espécie de tabernáculo ético, são guardiães dos valores que orientaram e orientam o agir da humanidade (ibid., p. 419).

Para o Papa Francisco, os líderes religiosos precisam estar atentos a todos os tipos de fechamentos e fundamentalismos. É preciso lembrar que existem, neste primeiro quartel do século XXI, grandes desafios a serem enfrentados pelas diversas igrejas, pelas diversas religiões, mas, também, e, especialmente, pelos líderes religiosos. Sabe-se haver e estarem crescendo desafios como: a realidade social de divisão e a pluralidade do campo religioso; a intensa prática do proselitismo, o fundamentalismo e o conservadorismo; a perda de sentido da pertença eclesial; a privatização da prática de fé dos cristãos; o trânsito dos cristãos de uma confissão para outra, em busca de uma experiência religiosa satisfatória, entre outros (WOLFF, 2021, p. 424). Por isso, aos líderes religiosos cabe a tarefa imprescindível, enquanto capazes de diálogo, de serem mais do que intermediários, eles precisam ser mediadores autênticos desse diálogo. "Os intermediários procuram contentar todas as partes, com a finalidade de obter um lucro para si mesmos. O mediador, ao contrário, é aquele que nada reserva para si próprio, mas que se dedica generosamente, até se consumir, consciente de que o único lucro é a paz" (FT, 284). Assim, cada um é convidado a ser um "artífice da paz", capaz de derrubar muros, abrir caminhos e construir pontes, extinguindo o ódio ao invés de conservá-lo (FT, 284).

3. O apelo à fraternidade universal e à amizade social

No final da *Fratelli Tutti*, o Papa Francisco faz questão de recordar o encontro com o grande imã Ahmad Al-Tayyeb, a fim de firmar o apelo feito às religiões. Não se pode aceitar que as religiões sejam mentoras de guerras, hostilidades, ódios. As religiões não precisam defender a Deus. Ele não precisa de

190 Paulo César Nodari

ninguém para defendê-lo. O nome de Deus não pode ser tomado e utilizado para aterrorizar as pessoas. E, por isso, o papa faz um apelo à paz, à justiça, à fraternidade. Ele toma em consideração o *Documento sobre a fraternidade humana*, por se tratar de um documento muito importante. A seguir, quer-se, brevemente, assinalar alguns pontos importantes acerca do apelo e da convocação.

Primeiro. Parte-se da ideia de que Deus é o Pai de todo ser humano, e, por partir de Deus Pai, todo ser humano é portador de dignidade, e, sendo assim, todos somos iguais e convidados a conviver na Casa Comum, vivendo valores do bem, da caridade e da paz. Segundo. Defende-se a tese de que ferir uma alma humana inocente significa ferir toda a humanidade, isto é, de outro modo, salvar uma pessoa significa salvar toda a humanidade. Terceiro. Faz-se uma referência muito especial àquelas pessoas mais marginalizadas, desfavorecidas e oprimidas, nomeando-as, de maneira muito particular e relevante, dentre outros, como pobres, miseráveis, necessitadas, marginalizadas, órfãs, viúvas, refugiadas e exiladas, prisioneiras de guerra, torturadas. Todas essas pessoas marginalizadas, sofridas e diaceradas em suas dores e feridas, não podem ser vítimas esquecidas. Precisam ser lembradas, para que os horrores e as causas que as levaram a tais condições não se repitam absolutamente. Quarto. Lembra-se, de maneira muito evidenciada, de todas as pessoas, de todos os povos que perderam a segurança, a paz e a convivência comum, por conta das ruínas e perseguições das guerras. Quinto. Após trazer à memória pessoas, grupos, comunidades e povos, recorda-se a esperança que move o documento (DFH). Faz-se a lembrança da fraternidade humana, para memorar que a fraternidade, atingida, forte e diametralmente, por políticas de integralismo, de divisão, de lucro exacerbado e pelas tendências ideológicas odiosas, é o

Fraternidade e amizade social   191

projeto que deve unir a humanidade. Sexto. Tomando em conta a liberdade, enquanto filhos e filhas de Deus, assim como a justiça e a misericórdia, com os homens de boa vontade de todas as partes do Planeta, em nome de Deus e das razões supracitadas, declara-se adotar uma nova cultura, a cultura do diálogo como caminho, a colaboração comum como conduta, o conhecimento mútuo como método e critério (FT, 285).

Antes de concluir a *Fratelli Tutti*, o Papa Francisco faz questão de nomear algumas inspirações de pessoas católicas e não católicas para a escrita da Carta encíclica. Além de Maria, a Mãe de Jesus, mencionada de modo muito especial, ao referir-se à Igreja como casa com portas abertas, porque a Igreja é mãe (FT, 276), são estes seus inspiradores: São Francisco de Assis, Martin Luther King, Desmond Tutu, Mahatma Gandhi, e muitos outros. Porém, no final, antes das orações, do Criador e Ecumênica, o papa faz uma menção muito especial a São Charles de Foucauld (FT, 286). A razão da referência ao santo é a entrega total a Deus, sua identificação com os últimos e mais abandonados no deserto africano. "Mas somente se identificando com os últimos é que chegou a ser irmão de todos. Que Deus inspire esse ideal a cada um de nós. Amém!" (FT, 287).

E, embora não esteja na *Fratelli Tutti*, quer-se, a seguir, concluir este último capítulo com a *Oração do abandono*, de Charles de Foucauld. Trata-se de uma oração belíssima e muito significativa. E, porque o Papa Francisco o citou, quer-se, então, trazer essa oração, porque é fruto desse homem que pediu a Deus para ser realmente irmão de todos, ser o "irmão universal" a partir do abandono de si, entregando-se aos últimos e mais abandonados. "Quando se trata de recomeçar, sempre há de ser a partir dos últimos" (FT, 235).

Meu Pai,
Eu me abandono a ti.
Faze de mim
O que tu quiseres.

Não importa o que faças de mim,
Eu te agradeço.
Estou pronto para tudo,
Aceito tudo.

Tomara que tua vontade
Se faça em mim
E em todas as tuas criaturas.
Nada mais desejo,
Meu Deus.

Em tuas mãos entrego minha vida.
Eu te a dou, meu Deus,
Com todo o amor do meu coração,
Porque eu te amo,
E é, para mim, uma necessidade de amor dar-me,
Entregar-me em tuas mãos, sem medida,
Com uma infinita confiança,
Pois tu és meu Pai.

Considerações finais

Para o Papa Francisco "[...] nunca a humanidade teve tanto poder sobre si mesma, e nada garante que o utilizará bem, sobretudo se se considera a maneira como o está a fazer" (LS, 104). Ou seja, a humanidade tem em seu domínio avanços e facilidades inimagináveis outrora. No entanto, paradoxalmente, em nenhum outro momento a complexidade alcançada, talvez, tenha conseguido incapacitar e dificultar tanto a resolução de alguns problemas, tais como as injustiças abissais entre ricos e pobres, os ganhos e lucros exorbitantes de alguns poucos em detrimento do empobrecimento de maiorias muito expressivas. Dito de outra forma, em nenhum outro período da história o ser humano, enquanto humanidade, acumulou e teve ao seu alcance tanto poder, entretanto, ao mesmo tempo, isso não lhe tem possibilitado solucionar problemas e abismos há muito abertos e ainda não resolvidos, e, por sinal, cada vez mais estigmatizados e, por vezes, necrosados, em boa parte da humanidade. Veja-se, por exemplo, o caso dos mais diversos tipos de fundamentalismos presentes e cada vez mais atuantes em nossas sociedades, as desproporcionalidades injustas e pecaminosas de salários entre as diferentes profissões e populações, entre outros exemplos. Não houve, portanto, um progresso e um desenvolvimento integral do ser humano e proporcional a toda humanidade, pois "[...] o homem moderno não foi educado para o reto uso do poder, porque o imenso crescimento tecnológico não foi acompanhado por um desenvolvimento do ser humano quanto à responsabilidade, aos valores, à consciência" (LS, 105).

O conceito de bem comum está presente com muita intensidade tanto na *Laudato Si'* quanto na *Fratelli Tutti*. Assim sendo, nas considerações finais, quer-se aproximar ambas as encíclicas, porque elas têm um olhar e uma concepção complementares. O Papa Francisco apresenta o conceito de bem comum, porque ele acredita ser inseparável da ecologia humana, entendida, aqui, enquanto ecologia integral, e também do projeto da fraternidade e amizade social. A pretensão do papa é de mostrar que "[...] a ecologia humana é inseparável da noção de bem comum, princípio esse que desempenha um papel central e unificador na ética social" (LS, 156). O conceito de bem comum torna-se importante, pois sustenta um respeito pela pessoa humana e almeja um desenvolvimento integral, que também toma em conta o cuidado pelo nosso Planeta, pela sua preservação. Afirma Francisco: "A dignidade de cada pessoa humana e o bem comum são questões que deveriam estruturar toda a política econômica, mas às vezes parecem somente apêndices adicionados de fora para completar um discurso político sem perspectivas nem programas de verdadeiro desenvolvimento integral" (LS, 203).

Dessa perspectiva, não se trata apenas do patrimônio natural, e, sim, por assim dizer, de uma ecologia cultural, pois a visão consumista incentiva em demasia a homogeneização da cultura da subjetivação, delapidando e debilitando toda uma variedade cultural, tesouro da humanidade. "Por isso, a ecologia envolve também o cuidado das riquezas culturais da humanidade, no seu sentido mais amplo" (LS, 143). Dialogando com as ciências e com a filosofia, o Papa Francisco ressalta a tentativa de haver um diálogo entre as diversas áreas do conhecimento. É, portanto, preciso assegurar "[...] um debate científico e social que seja responsável e amplo, capaz de considerar toda a informação disponível e chamar as coisas pelo seu nome [...]", e disso decorreria uma atitude que fosse capaz de exigir "[...] pelo menos um maior esforço para financiar distintas linhas de pesquisa autônoma e interdisciplinar que possam trazer nova luz" (LS, 135). Nessa seara contemporânea da importância e acento dado ao lucro em detrimento das humanidades, pode-se, corroborando as ideias do Papa Francisco anteriormente referenciadas, afirmar com Martha Nussbaum: "Antes de podermos planejar um sistema educacional, precisamos entender os problemas que enfrentamos para transformar alunos em cidadãos responsáveis que possam raciocinar e fazer uma escolha adequada a respeito de um grande conjunto de temas de importância nacional e internacional" (NUSSBAUM, 2015, p. 27).

O processo civilizatório trouxe para a humanidade um grande desenvolvimento técnico-científico, acarretando, assim, uma problemática que precisa ser dialogada, sobretudo, no que tange à reflexão no campo da ciência e da ética, pois é preciso assegurar, para as futuras gerações, um Planeta Terra que esteja em condições de acolher e de dar possibilidades de se ter vida e vida digna. Diante desse desafio, Jonas, por sua vez, apresenta um imperativo ético, no qual, segundo ele, está mais adequado, e, muito provavelmente, poderá auxiliar a enfrentar os grandes desafios, sobretudo, ético-ambientais, mas que tem a sua base de mudança no comportamento humano, na relação que se estabelecerá com o meio ambiente, pois é preciso que o ser humano seja capaz de mudar seus hábitos e atitudes perante o meio ambiente.

Ao se debater sobre a crise ecológica atual, tem-se em conta, a partir do Papa Francisco, a importância de elucidar um desenvolvimento sustentável com vista à solidariedade intergeracional, pois, falar dessa crise mundial, em última instância, é ocupar-se da própria dignidade humana. Afirma o Papa Francisco: "A noção de bem comum engloba também as gerações futuras. [...]. Não estamos falando de uma atitude opcional, mas de uma questão essencial de justiça, pois a terra que recebemos pertence também àqueles que hão de vir" (LS, 159). O dever com as gerações futuras é um dever da humanidade, e, nessa medida, as gerações atuais são responsáveis pelo bem comum, sobretudo, no que diz respeito ao cuidado do meio ambiente, ao zelo pela Casa Comum de todos. É preciso cuidar e zelar pelos recursos, tanto os naturais quanto os culturais, para que se possam garantir as necessidades de desenvolvimento ambientais às gerações presentes e futuras. E aqui se apresenta a preocupação e o cerne da Encíclica *Laudato Si'*. Em outras palavras, é discutida a ecologia integral como um novo paradigma de justiça, ou seja, uma ecologia que seja capaz de integrar claramente as dimensões humanas e sociais (LS, 137). Dessa maneira, o Papa Francisco quer também nos mostrar que existe uma crise, mas que ela é única, no sentido de que a crise ambiental e a crise social não são duas. Ou seja, ao compreendê-las como algo único e interconexo, chega-se à consideração de que, em última instância, elas são provenientes de um humanismo, ou melhor, decorrem da conduta humana.

Por isso, é necessário uma ecologia, uma ética ambiental responsável, que seja capaz de integrar a realidade em sua amplitude. O Papa Francisco quer mostrar que "a proteção do meio ambiente deverá constituir parte integrante do processo de desenvolvimento e não poderá ser considerada isoladamente". Disso decorre urgentemente "[...] a necessidade imperiosa do humanismo, que faz apelo aos distintos saberes, incluindo o econômico, para uma visão mais integral e integradora" (LS, 141). O âmago da questão é que: "Hoje, a análise dos problemas ambientais é inseparável da análise dos contextos humanos, familiares, laborais, urbanos, e da relação de cada pessoa consigo mesma, que gera um modo específico de se relacionar com os outros e com o meio ambiente" (LS, 141).

De acordo com o Papa Francisco, "o todo é superior à parte", e, nesse sentido, tudo está relacionado e tem caminho de proximidade e interdependência. Logo, em uma sociedade fragmentada como a contemporânea, faz-se urgente retomar e reforçar o caminho de solidariedade e de integralidade, tanto entre as pessoas quanto entre as instituições, Estados e nações, uma vez que a Casa Comum é a mesma e é a de todos (LS, 142). Certamente, aqui, percebe-se o grande desafio a ser trilhado. Poder-se-ia eleger um ponto com o qual ambos concordam, acerca dessa questão da crise ambiental, que certamente seria o fato de que acreditam que a mudança propriamente se inicia, fundamentalmente, a partir da mudança dos comportamentos humanos, sobretudo, no que diz respeito ao uso do poder que está nas mãos do ser humano. De acordo com o Papa Francisco, é preciso instaurar um novo humanismo para poder dar-se conta de que os seres humanos são responsáveis pela terra a qual habitam, e que, por conseguinte, a ela, devem respeito e cuidado, pois é a Casa Comum. Atualmente, não basta, por conseguinte, dizer e afirmar que devemos preocupar-nos com as gerações futuras, é preciso ter consciência de que é a nossa própria dignidade humana que está em jogo (LS, 160).

Faz-se urgente uma mudança de atitude e estilo de vida. É iminente a passagem de uma cultura do consumo voraz para uma cultura do bem viver. Urge fomentar o incremento de condições para uma nova cultura. É necessário passar de uma cultura da indiferença e do egoísmo para uma cultura do encontro e do empenho pelo bem comum. "O individualismo consumista provoca muitos abusos. Os outros tornam-se meros obstáculos para a agradável tranquilidade própria e, assim, acaba-se por tratá-los como incômodos, o que aumenta a agressividade" (FT, 222). Assim como, renunciar a uma cultura das informações para estabelecer uma cultura da comunicação e do diálogo. Será preciso deixar de lado os interesses por poder e concentração de riquezas para ir em busca de gerar o bem comum conjuntamente (FT, 202). Faz-se necessário sair de uma sociedade dos relativismos para uma sociedade preocupada com a verdade. "Uma sociedade é nobre e respeitável porque cultiva a busca da verdade e seu apego às verdades fundamentais" (FT, 207). Não é mais admissível um ritmo acentuado e crescente de consumo e política de subjetivação exacerbada. O equilíbrio e a atitude são exigidos não apenas para o futuro, mas também para o presente. Não é mais possível aceitar o abismo e o vácuo moral hipnotizante e descarado entre pobres e ricos, a ponto de alguns se pensarem e se considerarem mais dignos que outros ou mais agraciados e abençoados que outros. A terra é a Casa Comum de todos.

Faz-se urgente dirimir o padecimento da humanidade, que sofre com inúmeros seres humanos vivendo em condições subumanas da escandalosa pobreza, fruto da ganância e do assoberbado egoísmo humano. Não basta apenas a solidariedade com as gerações futuras, a qual, sem dúvida, é fundamental, mas também, e, sobretudo, é imprescindível solidarizar-se com os tantos pobres de hoje, que têm sua dignidade humana negada e dilacerada e não podem continuar esperando.

É preciso, portanto, afirmar não apenas a solidariedade e a responsabilidade com as gerações futuras, mas também reafirmá-las com todos os cidadãos e cidadãs desta geração. Faz-se, pois, urgente caminhar e trabalhar juntos. O caminho para a paz permite esse trabalhar juntos. E, quando todos caminham juntos, todos acabam ganhando. "Perante certo objetivo comum, poder-se-á contribuir com diferentes propostas técnicas, distintas experiências, e trabalhar em prol do bem comum" (FT, 228). Trata-se, pois, de um caminho a ser trilhado e trabalhado sem descanso e sem trégua. É um compromisso exigente de todos e para todos (FT, 232).

Referências

ACOSTA, Alberto. *O bem viver*. Uma oportunidade para imaginar outros mundos. São Paulo: Elefante, 2016.

_____; BRAND, Ulrich. *Pós-extrativismo e decrescimento*. Saídas do labirinto capitalista. São Paulo: Elefante, 2018.

ADORNO, Theodor. *Educação e emancipação*. 2. ed. Rio de Janeiro: Paz e Terra, 2000.

ALFARO, Juan. *De la cuestion del hombre a la cuestion de Dios*. 2. ed. Salamanca: Ediciones Sígueme, 1989.

ARDUINI, Juvenal. *Antropologia*: ousar para reinventar a humanidade. São Paulo: Paulus, 2002.

ARENDT, Hannah. *A condição humana*. 10. ed. Rio de Janeiro: Forense, 2004.

_____. *O que é política?* Fragmentos das Obras Póstumas compilados por Ursula Ludz. Rio de Janeiro: Bertrand Brasil, 2018.

ARISTÓTELES. *Ética a Nicômaco*. São Paulo: Nova Cultural, 1987.

_____. *Metafísica*. Porto Alegre: Globo, 1969.

_____. *Política*. São Paulo: Martins Fontes, 1991.

BENTHAM, Jeremy. *O panóptico*. Belo Horizonte: Autêntica, 2019.

BINGEMER, Maria Clara Lucchetti. *Santidade*. Chamado à humanidade. Reflexões sobre a Exortação Apostólica *Gaudete et Exsultate*. São Paulo: Paulinas, 2019.

BOFF, Leonardo. *A casa comum, a espiritualidade, o amor*. São Paulo: Paulinas, 2017.

BUBER, Martin. *Do diálogo e do dialógico*. São Paulo: Perspectiva, 1982.

_____. *Eu e tu*. 10. ed. São Paulo: Centauro, 2001.

CARVALHO, José Maurício de. *O ser humano e a filosofia*. Pequenas meditações sobre existência e cultura. Porto Alegre: Edipucrs, 1998.

CASSIRER, Ernest. *A filosofia do iluminismo*. São Paulo: Unicamp, 1992.

CELAM. *Documento de Aparecida*. Texto conclusivo da V Conferência Geral do Episcopado Latino-Americano e do Caribe. São Paulo/Brasília: Paulinas/Paulus/Edições da CNBB, 2007.

CESCON, Everaldo; NODARI, Paulo César. Ética e religião. In: TORRES, João Carlos Brum (org.). *Manual de ética*: questões de ética teórica e aplicada. Petrópolis: Vozes, 2014. pp. 489-509.

CHOMSKY, Noam. *Que tipo de criaturas somos nós?* Petrópolis: Vozes, 2018.

CNBB. *Campanha da Fraternidade 2022*. Texto-base. Brasília: Edições CNBB, 2021.

COMPÊNDIO VATICANO II. *Constituições, Decretos, Declarações*. 23. ed. Petrópolis: Vozes, 1994.

CORTINA, Adela. *Cidadãos do mundo*. Para uma teoria da cidadania. São Paulo: Loyola, 2005.

_____. *Ética mínima*. Introdução à filosofia prática. São Paulo: Martins Fontes, 2009.

_____. *Aporofobia, a aversão ao pobre*: um desafio para a democracia. São Paulo: Contracorrente, 2020.

_____; MARTINEZ, Emilio. *Ética*. São Paulo: Loyola, 2005.

DA EMPOLI, Giuliano. *Os engenheiros do caos*. 1. ed. 3. reimpre. São Paulo: Vestígio, 2020.

DARDOT, Pierre; LAVAL, Christian. *A nova razão do mundo*. Ensaio sobre a sociedade neoliberal. São Paulo: Boitempo, 2016.

D'ANCONA, Matthew. *Pós-verdade*. A nova guerra contra os fatos em tempos de *Fake News*. Barueri: Faro Editorial, 2018.

DE KONINCK, Thomas. *Filosofia da educação*. Ensaio sobre o devir humano. São Paulo: Paulus: 2007.

DEMO, Pedro. *Solidariedade como efeito de poder*. São Paulo: Cortez/Instituto Paulo Freire, 2002.

DUNKER, Christian. Subjetividade em tempos de pós-verdade. In: DUNKER, Christian; TEZZA, Cristovão; FUKS, Jualián; TIBURI, Marcia; SAFATLE, Vladimir (org.). *Ética e pós-verdade*. 4. reimpre. Porto Alegre: Dublinense, 2017. pp. 7-37.

DUQUE, João Manuel. *Para o diálogo com a pós-modernidade*. São Paulo: Paulus, 2016.

DUTRA, Delamar Volpato. Cultura. In: NODARI, Paulo César; SÍVERES, Luiz. *Dicionário de Cultura de Paz*. Curitiba: CRV, 2021. v. 1. pp. 369-374.

EAGLETON, Terry. *A ideia de cultura*. 2. ed. São Paulo: Unesp, 2011.

ELIOT, T. S. *Notas para uma definição de cultura*. São Paulo: Perspectiva, 2013.

ERTHAL, César Augusto. Solidariedade. In: NODARI, Paulo César; SÍVERES, Luiz. *Dicionário de Cultura de Paz*. Curitiba: CRV, 2021. v. 2. pp. 483-486.

FABRIS, Rinaldo; MAGGIONI, Bruno. *Os Evangelhos II*. São Paulo: Loyola, 1992.

FALCON, Francisco José Calazans. *Iluminismo*. 4. ed. São Paulo: Ática, 1994.

FARIAS, André Brayner de. Filosofia da hospitalidade para uma futura ética do estrangeiro. In: SANTOS, Marcia Maria Cappellano dos; BAPTISTA, Isabel (org.). *Laços sociais:* por uma epistemologia da hospitalidade. Caxias do Sul: Educs, 2014, pp. 115-126.

FERNANDES, Marcos Aurélio. Convivência. In: NODARI, Paulo César; SÍVERES, Luiz. *Dicionário de Cultura de Paz*. Curitiba: CRV, 2021. v. 1. pp. 229-239.

FOUCAULT, Michel. *Vigiar e punir*. Nascimento da prisão. 11. ed. Petrópolis: Vozes, 1994.

GALANTINO, Nunzio. *Dizer homem hoje:* novos caminhos da antropologia filosófica. São Paulo: Paulus, 2003.

GALTUNG, Johan. *Peace by peaceful means*. Peace and conflict, development and civilization. Oslo: International Peace Research Institute, 1996.

GASDA, Élio Estanislau. *Doutrina social*. Economia, trabalho e política. São Paulo: Paulinas, 2018.

GILLES, Thomas Ransom. *História da educação*. São Paulo: EPU, 1987.

GIRARD, René. *O bode expiatório*. São Paulo: Paulus, 2004.

GRÜN, Anselm. *Avidez*: como deixar de querer sempre mais. Petrópolis: Vozes, 2017.

GUARDINI, Romano. *O fim da idade moderna*. Lisboa: Edições 70, 2000.

GUARESCHI, Pedrinho. Pós-verdade. In: NODARI, Paulo César; SÍVERES, Luiz. *Dicionário de Cultura de Paz*. Curitiba: CRV, 2021. v. 2. pp. 313-316.

GUIMARÃES, Dom Irineu Rezende. *Correspondência com Irene*. Meditações de um cristão sobre a paz e a não violência. Caxias do Sul: Educs, 2019.

GUIMARÃES, Marcelo Rezende. *Educação para a paz*. Sentidos e dilemas. Caxias do Sul: Educs, 2005.

HABERMAS, Jürgen. *Discurso filosófico da modernidade*. São Paulo: Martins Fontes, 2000.

_____. *Entre naturalismo e religião*: estudos filosóficos. Rio de Janeiro: Tempo Brasileiro, 2007.

_____. *O futuro da natureza humana*: a caminho de uma eugenia liberal? São Paulo: Martins Fontes, 2010.

HALL, Stuart. *A identidade cultural na pós-modernidade*. 11. ed. Rio de Janeiro: DP&A, 2006.

HARVEY, David. *Condição pós-moderna*. São Paulo: Loyola, 2006.

HOWARD, Michael. *A invenção da paz*. Reflexões sobre a guerra e a ordem internacional. Lisboa: Guimarães Editores, 2004.

INCISA, Ludovico. Populismo. In: BOBBIO, Norberto; MATTEUCCI, Nicola; PASQUINO, Gianfranco (org.). *Dicionário de Política*. 3. ed. Brasília: UnB, 1991. pp. 980-986.

INNERARITY, Daniel. *Política para perplexos*. O fim das certezas. Petrópolis: Vozes, 2021.

JONAS, Hans. *O princípio responsabilidade*. Ensaio de uma ética para a civilização tecnológica. Rio de Janeiro: Contraponto; Editora PUC-Rio, 2006.

_____. *Técnica, medicina e ética*. Sobre a prática do princípio responsabilidade. São Paulo: Paulus, 2013.

KANT, Immanuel. *À paz perpétua*. Um projeto filosófico. Petrópolis: Vozes, 2021.

_____. *Fundamentação da metafísica dos costumes*. São Paulo: Barcarolla, 2009.

KEYES, Ralph. *A era da pós-verdade*. Desonestidade e enganação na vida contemporânea. Petrópolis: Vozes, 2018.

KÜNG, Hans. *Religiões do mundo*. Em busca dos pontos comuns. Campinas: Versus Editora, 2004.

LE BRETON, David. *Desaparecer de si*. Uma tentação contemporânea. Petrópolis: Vozes, 2018.

LEVINAS, Emmanuel. *De otro modo que ser, o más allá de la esencia*. Salamanca: Ediciones Sígueme, 1987.

_____. *Totalidade e infinito*. Lisboa: Edições 70, 1988.

_____. *Humanismo do outro homem*. Petrópolis: Vozes, 1993.

_____. *Entre nós:* ensaios sobre a alteridade. Petrópolis: Vozes, 1997.

LIMA VAZ, Henrique Cláudio de. *Escritos de filosofia III*. Filosofia e cultura. São Paulo: Loyola, 1997.

_____. *Escritos de Filosofia V*: introdução à ética filosófica. 2. ed. São Paulo: Loyola, 2000.

MAURER, Reinhart. Kurtur. In: KRINGS, Hermann; BAUMGARTNER, Hans Michael; WILD, Christoph. *Handbuch philosophischer Grundbegriffe*, 3. München: Kösel, 1973. pp. 823-832.

MONDIN, Batista. *O homem, quem é ele?* Elementos de antropologia filosófica. 8. ed. São Paulo: Paulus, 1980.

_____. *Quem é Deus?* Elementos de teologia filosófica. São Paulo: Paulus, 1997.

MORAIS, Régis de. *Estudos de filosofia da cultura*. São Paulo: Loyola, 1992.

MULLER, Jean-Marie. *O princípio da não violência*. Uma trajetória filosófica. São Paulo: Palas Athena, 2007.

OLIVEIRA, Manfredo Araújo de. *Ética da racionalidade moderna*. São Paulo: Loyola, 1993.

_____. *Ética e práxis histórica*. São Paulo: Ática, 1995.

_____. *Diálogos entre razão e fé*. São Paulo: Paulinas, 2000.

_____. *Antropologia filosófica contemporânea*. Subjetividade e inversão teórica. São Paulo: Paulus, 2012.

_____. *A religião na sociedade urbana e pluralista*. São Paulo: Paulus, 2013.

ORDINE, Nuccio. *A utilidade do inútil*. Um manifesto. Rio de Janeiro: Zahar, 2016.

PANIKAR, Raimon. *Ícones do mistério*. A experiência de Deus. São Paulo: Paulinas, 2007.

PAPA BENTO XVI. *Carta Encíclica do Sumo Pontífice: Deus Caritas Est*. Deus é amor. São Paulo: Paulus/Loyola, 2006.

_____. *Carta Encíclica do Sumo Pontífice: Veritas in Caritate*. Sobre o desenvolvimento humano integral na caridade e na verdade. São Paulo: Paulus/Loyola, 2009.

PAPA FRANCISCO. *Exortação apostólica do Sumo Pontífice*: *Evangelii Gaudium*. A alegria do Evangelho. Sobre o anúncio do Evangelho no mundo atual. São Paulo: Paulus; Loyola, 2013.

_____. *Carta Encíclica do Sumo Pontífice: Laudato Si'. Louvado sejas.* Sobre o cuidado da casa comum. São Paulo: Paulus; Loyola, 2015.

_____. *O amor contagioso.* O Evangelho da justiça. São Paulo: Fontanar, 2017.

_____. *Carta Encíclica do Sumo Pontífice: Fratelli Tutti.* Sobre a fraternidade e a amizade social. São Paulo: Paulus: 2020.

PAPA JOÃO XXIII. *Carta Encíclica do Sumo Pontífice: Pacem in Terris.* Sobre a paz de todos os povos. 6. ed. São Paulo: Paulinas, 2018.

PAPA JOÃO PAULO II. *Carta Encíclica do Sumo Pontífice: Laborem Exercens.* O trabalho humano. São Paulo: Paulinas, 1981.

_____. *Carta Encíclica do Sumo Pontífice: Centesimus Annus.* São Paulo: Paulinas, 1991.

_____. *Carta Encíclica do Sumo Pontífice: Veritatis Splendor.* O esplendor da verdade. São Paulo: Paulinas, 1993.

_____. *Carta Encíclica do Sumo Pontífice: Fides et Ratio.* Sobre as relações entre fé e razão. São Paulo: Paulus, 1998.

PAPA PAULO VI. *Carta Encíclica do Sumo Pontífice: Populorum Progressio.* Sobre o desenvolvimento dos povos. 14. ed. São Paulo: Paulinas, 1998.

PASCAL, Blaise. *Pensamentos.* São Paulo: Abril Cultural, 1979.

PEREIRA, William Cesar Castilho. *Os sete pecados capitais à luz da psicanálise.* Petrópolis: Vozes, 2021.

PETTERSEN, Bruno. Verdade. In: NODARI, Paulo César; SÍVERES, Luiz. *Dicionário de Cultura de Paz.* Curitiba: CRV, 2021. v. 2. pp. 561-564.

PONTIFÍCIO CONSELHO "JUSTIÇA E PAZ". *Compêndio da Doutrina Social da Igreja.* São Paulo: Paulinas, 2005.

RUÍZ, Castor Mari Martín Bartolomé. Justiça e memória. In: NODARI, Paulo César; SÍVERES, Luiz. *Dicionário de Cultura de Paz.* Curitiba: CRV, 2021. v. 2. pp.75-78.

SANTA SÉ. *Catecismo da Igreja Católica*. Petrópolis/São Paulo; Vozes/Loyola, 1993.

SCHIO, Sônia. Política. In: NODARI, Paulo César (org.). In: *Por quê? A arte de perguntar*. São Paulo: Paulinas, 2011. pp. 117-129.

SCHWARTZ, Germano. Iluminismo. In: BARRETO, Vicente de Paulo (coord.). *Dicionário de Filosofia Política*. São Leopoldo: Unisinos, 2010.

STARKE, J. G. *An Introduction to the Science of Peace (Irenology)*. Leyden: A. W. Sijthoff, 1968.

STEFFENS, Nikolay. Democracia. In: NODARI, Paulo César; SÍVERES, Luiz. *Dicionário de Cultura de Paz*. Curitiba: CRV, 2021. v. 1. pp. 481-486.

STEIN, Ernildo. *Exercícios de fenomenologia*. Limites de um paradigma. Ijuí: Unijuí, 2004.

TIROLE, Jean. *Economia do bem comum*. Rio de Janeiro: Zahar, 2020.

TORRES, João Carlos Brum. Política. In: NODARI, Paulo César; SÍVERES, Luiz. *Dicionário de Cultura de Paz*. Curitiba: CRV, 2021. v. 2. pp. 303-307.

WOLFF, Elias. Ecumenismo. In: NODARI, Paulo César; SÍVERES, Luiz. *Dicionário de Cultura de Paz*. Curitiba: CRV, 2021. v. 1. pp. 421-425.

ZIEGLER, Jean. *Destruição em massa*. Geopolítica da fome. São Paulo: Cortez, 2013.

ZILLES, Urbano. *Teoria do conhecimento e teoria da ciência*. São Paulo: Paulus, 2005.

_____. *Fé e razão no mundo da tecnologia*. São Paulo: Paulus, 2020.

ZUBOFF, Shoshana. *A era do capitalismo de vigilância*. A luta por um futuro humano na nova fronteira do poder. São Paulo: Intrínseca, 2021.

Paulinas

Rua Dona Inácia Uchoa, 62
04110-020 – São Paulo – SP (Brasil)
Tel.: (11) 2125-3500
http://www.paulinas.com.br – editora@paulinas.com.br
Telemarketing e SAC: 0800-7010081